THE LANGUAGE GYM
GRAMMAR BOOKLET

Imprint: Independently Published

FRENCH
SENTENCE BUILDERS
TRILOGY I
GRAMMAR BOOK

A lexicogrammar approach
Beginner to Pre-Intermediate

ANSWERS

TRILOGY - PART 1 GRAMMAR BOOKLET – ANSWERS TABLE OF CONTENTS

UNIT 0: EPI register routine: saying how you are

1. Match up

Je suis détendue	I am relaxed
Tu es stressé	You are stressed
Elle est énervée	She is annoyed
Il est heureux	He is happy
Tu es fatiguée	You are tired
Je suis malade	I am sick
Il est en colère	He is angry

2. Complete with the missing letters

a. Je **sui**s énervé   b. Tu **e**s heureux   c. Il **e**st détendu   d. Ell**e e**st triste

e. Il **est** malade   f. **Je sui**s stressée

3. Complete with the missing forms of "Être"

a. Je **suis** très en colère   b. Ma mère **est** assez stressée   c. Mon frère **est** un peu fatigué

d. Mon frère aîné **est** très détendu   e. Tu **es** très malade   f. Ma sœur **est** un peu triste

 g. Mon oncle **est** énervé   h. Je **suis** un peu heureuse

4. Break the flow

a. Je vais très bien car je suis détendue.   b. Ça va bien car je suis heureux.

c. Mon frère est assez énervé.   d. Ma mère est un peu stressée.   e. Ma sœur est très en colère.

f. Mon oncle est assez fatigué.   g. Tu es un peu triste aujourd'hui.   h. Tu es très énervé et stressé.

5. Faulty translation: fix the English

a. Je suis fatiguée ~~She is~~ **I am** tired   b. Tu es en colère ~~I am~~ **You are** angry

c. Elle est détendue ~~He~~ **She** is relaxed   d. Il est énervé He is ~~happy~~ **annoyed**

e. Tu es stressé You are ~~tired~~ **stressed**   f. Je suis triste   I am ~~stressed~~ **sad**

g. Il est heureux ~~She~~ **He** is happy   h. Elle est malade ~~He~~ **She** is sick

6. Choose the correct verb

a. Je **suis** triste.   b. Tu **es** heureuse.   c. Il **est** en colère.   d. Elle **est** énervée.   e. Tu **es** détendu.

f. Elle **est** heureuse.   g. Je **suis** triste.   h. Il **est** fatigué.

7. Translate into French

a. Je suis heureux   b. Tu es triste   c. Il est stressé   d. Elle est énervée   e. Tu es en colère

f. Je suis détendue   g. Elle est fatiguée   h. Il est malade

8. Complete with the missing adjectives

a. Je suis (f) très **fatiguée**   b. Ma mère est assez **détendue**   c. Mon frère est un peu **en colère**

d. Mon frère aîné est très **heureux**   e. Tu es (f) très **triste**   f. Ma sœur est un peu **stressée**

g. Mon oncle est **malade**   h. Je suis (f) un peu **énervée**

9. Match up
détendue (f) – relaxed; **triste** – sad; **énervé (m)** – annoyed; **heureuse (f)** – happy; **fatigué (m)** – tired; **malade** – sick; **en colère** – angry

10. Slalom translation

Je (a)	Tu (d)	Mon frère (b)	Ma sœur (f)	Mon oncle (e)	Elle (c)
est (b)	est (c)	est (e)	es (d)	suis (a)	est (f)
détendue (c)	en colère (e)	énervé (b)	fatiguée (a)	heureux (d)	stressée (f)
et triste (b)	et malade (a)	et énervée (f)	mais stressé (d)	et fatigué (e)	et heureuse (c)

11. Translate into English
a. I am a bit sad   b. You are very stressed   c. My mother is very sick

d. My older brother is quite happy   e. She is very tired   f. You are quite annoyed

g. My sister is angry   h. I am very relaxed

12. Spot and correct the errors
a. Ma mère <u>est</u> très fatiguée   b. Mon oncle est un peu <u>énervé(e)</u>   c. Ma sœur <u>est</u> triste

d. Je <u>suis</u> malade   e. Tu <u>es(t)</u> assez détendue   f. Elle est très <u>heureu(x)se</u>

g. Il est un peu <u>stressé(e)</u>   h. Je <u>suis</u> en colère

13. Choose the correct answer
a. Je suis **détendue**   b. Tu es **heureux**   c. Mon frère est **stressé**   d. Ma mère est **fatiguée**

e. Il est **malade**   f. Elle est **énervée**

14. Arrange the words in the correct order.
a. Mon frère est stressé et énervé   b. Je suis très détendue et heureuse

c. Ma sœur est assez fatiguée et très malade   d. Tu es un peu triste et énervée

e. Elle est assez en colère et très stressée   f. Il est un peu détendu mais un peu stressé

g. Je suis très malade et tu es un peu triste   h. Ma mère est assez heureuse

15. Guided translation: complete the translation
a. Aujourd'hui, je **suis** un peu malade   b. Aujourd'hui, je suis très **détendue**

c. Aujourd'hui, tu es assez **énervé**   d. Aujourd'hui, mon frère **est** en colère

e. Aujourd'hui, ma sœur est **assez triste**

16. Tangled translation
a. Je suis très **heureuse** (f)   b. **Tu es** un peu **malade**   c. Ma mère **est** très **en colère**

d. Mon frère aîné **est** très **détendu**   e. **Elle est** assez **stressée**   f. **Tu es** assez **heureux** (m)

g. Ma sœur **est énervée**   h. **Je suis** très **fatigué** (m)

17. Translate into French

a. Je suis un peu malade   b. Tu es très heureuse   c. Ma mère est très détendue
d. Mon frère aîné est assez en colère   e. Elle est très triste   f. Tu es assez stressé
g. Ma sœur est fatiguée   h. Je suis très énervé

Fast & Furious – Round 1

1.   Bonjour. **Je suis** assez **détendu(e).**
2.   Salut. Tu es un peu **fatigué(e)** mais **heureux (euse).**
3.   Il est très **en colère** et **énervé.**
4.   **Elle est** un peu **malade.**
5.   **Je suis** très **heureux (euse)** et **détendu(e).**

Fast & Furious – Round 2

1.   Bonjour. **Je suis** assez **malade.**
2.   Salut. Tu es un peu **triste** mais **détendu(e).**
3.   Il est très **stressé** et **en colère.**
4.   **Elle est** un peu **énervée.**
5.   **Je suis** très **fatigué(e)** et **malade.**

ASSESSMENT ROUND

1. Choose the correct translation (you won't need two of the sentences)

a. Je suis assez détendue mais je suis fatiguée.   3
b. Mon frère est un peu énervé et un peu en colère.   7
c. Ma mère est très en colère.   1
d. Tu es fatigué mais tu es heureux.   6
e. Ma sœur est malade et assez stressée.   4

2. Fill in the gaps with the missing words

a. Je **suis** très triste et un peu malade   b. Ma sœur est un peu **fatiguée.**
c. Mon frère est en **colère** et très stressé   d. Tu es assez **détendu** et heureux
e. Aujourd'hui tu **es** assez énervée

3. Translate the sentences into French

a. Aujourd'hui, ça va / je vais très bien mais je suis un peu fatigué
b. Aujourd'hui, ça va / je vais bien car je suis heureuse   c. Aujourd'hui, il est très malade
d. Aujourd'hui, elle est un peu stressée   e. Aujourd'hui, tu es assez détendue

UNIT 1: Talking about my age

1. Match up

J'ai quinze ans	I am fifteen
Il a huit ans	He is eight
J'ai six ans	I am six
Tu as dix ans?	Are you ten?
Elle a trois ans	She is three
Quel âge as-tu?	How old are you?
J'ai treize ans	I am thirteen

2. Complete with the missing letters
a. J'ai onze ans   b. Tu as six ans   c. Il a quatorze ans   d. Elle a treize ans   e. Tu as trois ans
f. J'ai neuf ans

3. Complete with the missing form of "Avoir"
a. Salut! J'ai sept ans   b. Mon amie a quinze ans   c. Mon frère a onze ans
d. Mon frère aîné a huit ans   e. Mon petit frère a neuf ans   f. Quel âge as-tu?   g. J'ai douze ans
h. Tu as dix ans

4. Break the flow
a. Bonjour! J'ai quatorze ans.   b. J'ai cinq ans.   c. Il a sept ans.   d. Elle a douze ans.
e. Ma petite sœur a huit ans.   f. Il a treize ans.   g. Quel âge as-tu?   h. Mon frère aîné a onze ans.

5. Faulty translation: fix the English
a. J'ai six ans *I ~~have~~ **am** six*   b. Il a treize ans *~~She~~ **He** is thirteen*
c. Elle a huit ans *She is ~~nine~~ **eight***   d. Il a quinze ans *He is ~~fourteen~~ **fifteen***
e. Tu as quatre ans *~~He is~~ **You are** four*   f. J'ai trois ans *~~You are~~ **I am** three*
g. Il a un an *~~She~~ **He** is one*   h. Elle a sept ans *~~He~~ **She** is seven*

6. Choose the correct verb
a. J'ai trois ans.   b. Tu as quatorze ans.   c. Quel âge as-tu?   d. Elle a onze ans.   e. Tu as neuf ans. f. Elle a quinze ans.   g. J'ai cinq ans.   h. Il a un an.

7. Translate into French
a. J'ai douze ans.   b. Tu as huit ans.   c. Il a treize ans   d. Elle a sept ans.   e. Tu as deux ans.
f. J'ai trois ans.   g. Elle a quatorze ans.   h. Il a onze ans.

8. Match up

Je m'appelle Paul	My name is Paul
Tu t'appelles Joe	Your name is Joe
Elle s'appelle Lou	Her name is Lou
Il s'appelle Luc	His name is Luc
Je m'appelle Théo	My name is Théo
Il s'appelle Nadim	His name is Nadim
Tu t'appelles Sam	Your name is Sam

9. Complete with the missing form of "S'appeler" or the subject pronouns

a. Je **m'appelle** Sandra   b. Ma mère **s'appelle** Marie   c. Mon frère **s'appelle** Théo
d. Mon frère aîné **s'appelle** Antoine   e. Comment tu **t'appelles**?   f. **Je** m'appelle Jérôme
g. **Il** s'appelle Dylan h. **Tu** t'appelles Gian

10. Slalom translation

Je (a)	Mon frère (b)	Ma sœur (c)	Comment (d)	Mon ami (e)	Mon amie (f)
s'appelle (b)	tu (d)	m'appelle (a)	s'appelle (c)	s'appelle (e)	s'appelle (f)
Tristan (e)	Charles (b)	t'appelles? (d)	Denis (a)	Marie (f)	Béatrice (c)
Quel âge (d)	et j'ai (a)	et il a (b)	et elle a (c)	et il a (e)	et elle a (f)
neuf ans (f)	as-tu? (d)	quatorze ans (b)	douze ans (e)	huit ans (a)	quatre ans (c)

11. Translate into English

a. I am eleven   b. Her name is Annabelle   c. My sister is fifteen   d. My older brother is eight
e. She is thirteen   f. How old is he?   g. What's your brother's name?   h. What's your name?

12. Spot and correct the errors

a. Ma mère **s'**appelle Joséphine   b. Mon frère a~~s~~ quatorze ans   c. Ma sœur a~~i~~ dix ans
d. ~~Je suis~~ **J'ai** onze ans   e. Comment tu t'appelle**s**?   f. Quel âge a-**t**-elle?   g. Il ~~est~~ **a** quatorze ans
h. J'~~e~~ ai sept ans

13. Choose the correct answer

a. **Je m'appelle** Laure   b. Tu as **neuf** ans   c. Mon frère a **douze** ans   d. Mon amie a **huit** ans
e. **Elle s'appelle** Lou   f. Ma sœur a **quinze** ans

14. Arrange the words in the correct order.

a. Je m'appelle Émilie et j'ai douze ans   b. Mon frère a quinze ans   c. Ma sœur Marie a sept ans
d. Comment tu t'appelles?   e. Mon ami a treize ans   f. Mon amie Isabelle a dix ans
g. Quel âge as-tu? J'ai huit ans   h. Tu t'appelles Anthony et tu as cinq ans

15. Guided translation: complete the translation

a. Aujourd'hui, j'**ai** neuf ans b. **Elle a** cinq ans c. **Je m'appelle** Suzanne d. Mon frère **s'appelle** Pierre e. Comment tu **t'appelles**? f. **Quel âge** as-tu?

16. Tangled translation

a. J'ai onze **ans**   b. **Tu as** huit ans   c. Ma mère **a** quarante ans   d. Mon frère aîné **s'appelle** Denis e. **Elle a** six ans   f. Comment **tu t'appelles?**   g. **Quel âge** as-tu?   h. **Comment** s'appelle-t-elle?

17. Translate into French

a. Comment tu t'appelles?   b. Je m'appelle Claire   c. Quel âge as-tu?   d. J'ai douze ans
e. Ma sœur a quatre ans   f. Comment s'appelle-t-elle?   g. Mon frère a trois ans   h. Quel âge a-t-il?

Fast & Furious – Round 1

1.   Bonjour. **Comment** tu t'**appelles**?
2.   Salut. **Je m'appelle** Claire et **j'ai** douze ans.
3.   Il est très **détendu** et **heureux**.
4.   **Comment** s'**appelle**-t-il?
5.   Ma sœur s'**appelle** Émilie et **elle a** treize ans.

Fast & Furious – Round 2

1.   Bonjour. **Comment** tu t'**appelles**?
2.   Salut. **Je m'appelle** Pierre et **j'ai** onze ans.
3.   Elle est très **en colère** et **stressée**.
4.   **Comment** s'**appelle**-t-elle?
5.   Ma sœur s'**appelle** Annabelle et **elle a** six ans.

ASSESSMENT ROUND

1. Choose the correct translation (you won't need two of the sentences)

a. Je suis assez fatiguée mais je suis heureuse.	2
b. Mon frère s'appelle Paul et il a treize ans.	7
c. Ma mère s'appelle Claire et elle a les yeux verts.	3
d. Tu es fatigué mais tu es heureux.	6
e. Ma sœur s'appelle Sandra et elle a dix ans.	4

2. Fill in the gaps with the missing words

a. Je suis très détendu mais un peu **malade** b. Ma sœur **s'appelle** Joséphine c. J'**ai** douze ans
d. **Comment** tu t'appelles? e. Aujourd'hui tu **es** assez énervée

3. Translate the sentences into French

a. Aujourd'hui, ça va / je vais très bien mais je suis un peu fatiguée
b. Je m'appelle Marie et j'ai 11 ans   c. Aujourd'hui, il est très heureux   d. Comment tu t'appelles? e. Il s'appelle Anthony et il a 8 ans

UNIT 2: Saying when my birthday is

1. Match up

Tu es de Paris	You are from Paris
Je suis de Dijon	I am from Dijon
Elle est de Caen	She is from Caen
Il est de Dieppe	He is from Dieppe
Je suis d'Aix	I am from Aix
Ils sont de Rouen	They are from Rouen
Vous êtes de Nice	You (guys) are from Nice

2. Complete with the missing letters
a. Je **sui**s de Brest b. **Tu e**s de Caen c. **Il e**st de Nice d. Elle **e**st d'Aix e. Il**s s**ont de Lille.
f. D'où **es**-tu? g. **Il** est d**e** Paris

3. Complete with the missing form of "Être"
a. Je **suis** de Toulouse b. Mon anniversaire **est** le deux juin c. Nous **sommes** de Bordeaux
d. Mon frère aîné **est** de Paris e. Elles ne **sont** pas de Nantes f. D'où **es**-tu?
g. Mon anniversaire **est** le dix mars h. D'où **êtes**-vous?

4. Break the flow
a. Bonjour! Je suis de Lille. b. D'où es-tu? c. Ils sont de Marseille. d. Nous sommes de Limoges.
e. Ma petite sœur est de Calais. f. Mon anniversaire est le douze mai.
g. Quelle est la date de ton anniversaire? h. Vous êtes de Madrid.

5. Faulty translation: fix the English
a. D'où es-tu? *Where ~~do~~ **are** you ~~live~~ **from**?* b. Il est de Nantes *~~She~~ **He** is from Nantes*
c. Elle est de Poitiers *~~He~~ **She** is from Poitiers* d. Tu es de Bruxelles *~~I am~~ **You are** from Brussels*
e. Ils sont de Nice *They are ~~nice~~ **from Nice*** f. Vous êtes de Tunis? *~~You are~~ **Are you (guys)** from Tunis?*
g. Elle est de Paris *She ~~lives~~ **is from** ~~in~~ Paris* h. Il est de Toulouse *He ~~went to~~ **is from** Toulouse*

6. Choose the correct verb
a. Je **suis** de Fécamp. b. Tu **es** de Casablanca. c. Vous **êtes** de Bruxelles. d. Elle **est** de Marrakech.
e. Tu **es** de Lyon. f. Elles **sont** de Dieppe. g. Je **suis** de Biarritz. h. Nous **sommes** de Bordeaux.

7. Translate into French
a. Je suis de Strasbourg. b. Ils sont de Dijon. c. Il est de Montpellier. d. Elle est de Grenoble.
e. Vous êtes de Dakar. f. Nous sommes de Montréal. g. Elle est de Tahiti. h. Tu es de Toulon.

8. Complete with the missing form of "Avoir", "Être" or "S'appeler"

a. Comment tu t'**appelles**? b. Mon amie s'**appelle** Béatrice c. Je **suis** de Bordeaux

d. Mon frère aîné **a** neuf ans e. J'**ai** douze ans f. Quel âge **as**-tu?

g. Mon anniversaire **est** le vingt-huit avril h. D'où **est**-elle?

9. Slalom translation

Je m'appelle (a)	Je m'appelle (b)	Mon (c)	Mon amie (d)	Mon ami (e)	Son (f)
Patrick (b)	anniversaire (c)	s'appelle (d)	Isabelle (a)	anniversaire (f)	s'appelle (e)
est le (c)	Susie (d)	et j'ai (a)	Paul (e)	et je suis (b)	est le (f)
et elle est (d)	vingt-trois (a)	premier (c)	de (b)	et il est (e)	trente (f)
de Bruxelles (e)	de Dieppe (d)	Caen (b)	octobre (c)	ans (a)	août (f)

10. Translate into English

a. His/Her birthday is on the 22nd June b. My friend is called Marc c. I am fourteen years old

d. My friend is eighteen years old e. We are from Toulouse f. What's your friend's name?

g. Where are you (guys) from? h. I am from Rouen

11. Spot and correct the errors

a. Mon anniversaire a **est** le trois mai b. Mon ami**e** s'appelle Isabelle c. Je sui**s** de Calais

d. D'où es-tu? e. Son~~t~~ anniversaire est le quinze juillet f. Quelle **est** la date de son anniversaire? g. Elle a~~s~~ trente ans h. Comment ~~st~~'appelle ton amie?

12. Choose the correct answer

a. D'où es-tu? b. Tu t'appelles Marie c. Vous êtes de Paris d. Son anniversaire est le premier juin

e. J'ai quinze ans f. Mon père est de Quimper

13. Arrange the words in the correct order.

a. Comment s'appelle ton ami? b. Mon ami s'appelle Damien c. Il est de Biarritz

d. Il a vingt-et-un ans e. Son anniversaire est le vingt-sept février f. D'où es-tu?

g. Quelle est la date de ton anniversaire? h. Mon amie Carole est de Nantes

14. Tangled translation

a. **J'ai** vingt-huit ans b. **Mon ami s'appelle** Anthony c. Son anniversaire **est** le vingt-trois juin d. **D'où** est-il? e. **Quelle** est la date de ton **anniversaire**? f. **Elles sont de** Rennes

g. Mon ami **a** trente-et-un ans h. **Mon anniversaire** est le quatre **juillet**

15. Translate into French

a. Je m'appelle Tristan b. J'ai seize ans c. Je suis de Casablanca

d. Mon anniversaire est le vingt-cinq décembre e. Mon amie s'appelle Nathalie

f. Elle est de Papeete g. Comment s'appelle ton ami(e)? h. D'où est-il?

FAST & FURIOUS – Round 1

1.   Bonjour. **Comment** tu t'appelles?
2.   Salut. **Je m'appelle** Martine et **j'ai** vingt-quatre ans.
3.   Aujourd'hui je suis très **stressée** et **énervée**.
4.   Je **suis de** Paris
5.   Mon amie **s'appelle** Émilie et **elle est de** Rennes.

FAST & FURIOUS – Round 2

1.   Bonjour. **Comment** s'appelle ton ami?
2.   Salut. **Mon ami** s'appelle Jérôme et **il a** trente ans.
3.   Aujourd'hui il est très **fatigué** mais **heureux**.
4.   Il **est de** Paris
5.   Son **anniversaire** est le treize **février**.

ASSESSMENT ROUND

1. Choose the correct translation (you won't need two of the sentences)

a. Comment tu t'appelles?   7
b. D'où es-tu?   3
c. Quel âge as-tu?   2
d. Comment s'appelle ton amie?   4
e. Quelle est la date de son anniversaire?   5

2. Fill in the gaps with the missing words

a. Salut ! Je m'appelle Christian et **j'ai** trente-et-un ans
b. Mon **anniversaire** est le vingt-huit avril   c. Je suis un peu **stressé**
d. **Je suis de** Dijon en France   e. Mon amie **s'appelle** Amandine et elle est de Fécamp

3. Translate the sentences into French

a. Je m'appelle Marion et j'ai vingt-sept ans   b. Je m'appelle Théo et je suis de Montpellier
c. Son anniversaire est le vingt-quatre septembre
d. Mon amie s'appelle Paula et elle est de Tunis   e. Mon ami s'appelle Antoine et il est de Rabat

UNIT 3: Saying where I live and am from

1. Match up

en Italie	in Italy
aux États-Unis	in the USA
au Maroc	in Morocco
en Provence	in Provence
à la Réunion	in Reunion Island
en Belgique	in Belgium
au Québec	In Quebec

2. Complete with the missing letters
a. **en** Martinique   b. **au** Gabon   c. **en** France   d. **au** Sénégal   e. **à la** Réunion   f. **aux** Pays-Bas

3. Complete with the missing forms of "au, à la, aux, en, dans"
a. Je suis de Paris **en** France   b. Je suis de Bruxelles **en** Belgique

c. Je suis de Montréal **au** Québec   d. Je suis de Biarritz **dans** le Pays basque

e. Je suis de Libreville **au** Gabon   f. J'habite **aux** États-Unis   g. Je suis de Saint-Denis **à la** Réunion h. Je suis de Rome **en** Italie

4. Break the flow
a. Bonjour! Je suis de Lille en France.   b. Je suis de Montréal au Québec.

c. Il est de Nice en France.   d. Elle est de Strasbourg en Alsace.

e. Ma petite sœur est de Dakar au Sénégal.   f. Mon ami est de Libreville au Gabon.

g. Je suis de Biarritz dans le Pays basque.   h. Tu es de Nouméa en Nouvelle Calédonie.

5. Faulty translation: fix the English
a. J'habite au Maroc *~~You~~ I live in Morocco*   b. Il habite en France *He ~~is~~ **lives** ~~French~~ in France*

c. Elle vit en Alsace *She lives in ~~Austria~~ **Alsace***   d. Tu vis au Gabon *You ~~are from~~ **live in** Gabon*

e. Je vis en Bretagne *I ~~am from~~ **live in** Brittany*

f. Il vit aux Pays-Bas? *Does he live in ~~Prague~~ **the Netherlands**?*

g. Je vis en Belgique *I ~~lived~~ **live** in Belgium*   h. Il vit au Québec *He ~~goes to~~ **lives in** Quebec*

6. Choose the correct verb
a. Je suis de Fécamp en France.   b. Tu es de Casablanca au Maroc.

c. Il est de Bruxelles en Belgique.   d. Elle est de Montréal au Québec.   e. Tu es de Rome en Italie. f. Elle est de Brest en Bretagne.   g. Je suis de Biarritz dans le Pays basque.

h. Il est de Libreville au Gabon.

7. Translate into French
a. Je suis de Brest en Bretagne.   b. Tu es de Nice en France.   c. Il est de Bruxelles en Belgique.

d. Elle est de Dakar au Sénégal.   e. Tu es de Rome en Italie.   f. Je suis de Libreville au Gabon.

g. Il est de Montréal au Québec.   h. Je suis de Strasbourg en Alsace.

8. Complete with the missing adjective.

a. J'habite dans une **belle** maison   b. J'habite dans un bâtiment **ancien**

c. J'habite dans une **grande** maison   d. J'habite dans un bâtiment **moderne**

e. J'habite dans une **jolie** maison   f. J'habite dans un bâtiment **neuf**

g. J'habite dans une **petite** maison

9. Match up

belle	beautiful
petite	small
moderne	modern
grande	big
ancien	old
neuf	new
jolie	pretty

10. Slalom translation

Je m'appelle (a)	J'habite (b)	Je m'appelle (c)	Je vis dans (d)	Je m'appelle (e)	J'habite (f)
un bâtiment (d)	Pierre (c)	dans une (b)	Isabelle (a)	dans une (f)	Paul (e)
et je suis de (e)	et je suis de (c)	petite (f)	et je suis de (a)	jolie (b)	moderne (d)
dans la (d)	maison dans (f)	Saint-Denis (c)	Bruxelles (e)	Nice (a)	maison (b)
sur la côte (b)	en Belgique (e)	en Provence (a)	banlieue (d)	à la Réunion (c)	le centre (f)

11. Translate into English

a. I live in a pretty house   b. I live in a small flat   c. I live in a new building

d. I live in an old house   e. I live in a big house   f. I live in a modern building

g. I live in a small house   h. I live in an old building

12. Spot and correct the errors

a. J'habite dans un appartement **neuf**   b. J'habite dans une joli**e** maison

c. Je vis dans une grand**e** maison   d. J'habite dans un bâtiment ancien~~ne~~

e. Je vis dans un appartement **moderne**   f. J'habite dans une **petite** maison

g. J'habite dans un bâtiment moderne   h. J'habite dans une **grande** maison

13. Choose the correct answer

a. Je vis dans une **petite** maison   b. J'habite dans un bâtiment **neuf**   c. J'habite **au Gabon**

d. J'habite dans une maison **ancienne**   e. Je vis dans un **joli** bâtiment   f. J'habite **en Espagne**

14. Arrange the words in the correct order.

a. Où habites-tu?   b. Je suis de Toulouse en France   c. J'habite dans une jolie maison sur la côte

d. Je vis dans un appartement moderne   e. J'habite dans une maison neuve dans le centre

f. Je suis de Dakar au Sénégal   g. Je suis de Nouméa en Nouvelle Calédonie

h. Je suis de Strasbourg en Alsace et je vis dans une petite maison

15. Guided translation: complete the translation

a. Je **m'appelle** Paul et **j'ai** vingt-cinq ans   b. Je **suis de** Brest **en** Bretagne

c. Je **suis de** Nice **en** Provence   d. J'**habite** dans une **grande** maison

e. Je **vis** dans un appartement **neuf**...   f. ...dans un bâtiment **moderne**

16. Tangled translation

a. **J'habite dans** une petite maison   b. **Je suis de** Casablanca au Maroc

c. Je vis dans **un bâtiment ancien** sur la côte   d. **Où** habites-tu?   e. D'où **es-tu?**

f. J'habite dans une **belle maison**   g. Je suis de Fort-de-France **en Martinique**

h. J'habite dans un **grand appartement**

17. Translate into French

a. Où habites-tu?   b. J'habite/Je vis dans une petite maison dans la banlieue   c. D'où es-tu?

d. Je suis de Dakar au Sénégal   e. J'habite/Je vis dans un appartement moderne

f. J'habite/Je vis dans une belle maison en France

g. J'habite/Je vis dans un bâtiment ancien au Québec

h. J'habite/Je vis dans un bâtiment neuf à la Réunion

FAST & FURIOUS – Round 1

1.   Bonjour. **Comment** tu t'**appelles**?
2.   Salut. **Je m'appelle** Claire et **j'ai** vingt-huit ans.
3.   Aujourd'hui je suis très **détendue** mais **triste**.
4.   Je **suis de** Paris **en** France
5.   J'habite dans une **belle maison** dans le **centre**.

FAST & FURIOUS – Round 1

1.   Bonjour. **Comment** tu t'**appelles**?
2.   Salut. **Je m'appelle** Alexandre et **j'ai** vingt-deux ans.
3.   Aujourd'hui je suis très **heureux** mais **fatigué**.
4.   Je **suis de** Montréal **au** Québec
5.   J'habite dans un **appartement** dans un **bâtiment ancien**.

ASSESSMENT ROUND

1. Choose the correct translation (you won't need two of the sentences)

a. J'habite dans une belle maison dans la banlieue.   7

b. Je vis dans un appartement dans un bâtiment neuf.   3

c. Je m'appelle Claire et je suis de Nice en Provence.   5

d. Aujourd'hui ça va parce que je suis heureuse.   6

e. Où habites-tu?   1

2. Fill in the gaps with the missing words

a. Bonjour ! Je m'appelle François. Où **habites** -tu?

b. J'habite dans une **jolie** maison sur la côte. D'où es-tu?

c. Je **suis de** Bruxelles en Belgique.

d. Je vis dans un appartement dans un bâtiment **ancien** dans le centre.

e. Aujourd'hui ça va mal parce que je suis **malade**.

3. Translate the sentences into French

a. Je m'appelle Marine et j'ai trente ans.

b. Je m'appelle Damien et je suis de Saint-Denis à la Réunion.

c. J'habite/Je vis dans une petite maison sur la côte.

d. J'habite/Je vis dans un appartement moderne dans la banlieue.

e. Aujourd'hui ça va très mal car je suis très stressé.

UNIT 4: Things I like/dislike: school subjects & teachers

1. Match up

j'aime	I like
j'adore	I love
je n'aime pas	I don't like
Nous adorons	we love
mon ami aime	my friend likes
Vous aimez	you (guys) like
elle adore	she loves

2. Complete with the missing letters

a. J'**aime** le dessin   b. J'ad**ore** la chimie   c. Tu a**imes** l'anglais   d. Elle **adore** le français

e. Il ai**me** les langues   f. Tu **ado**res les sciences

3. Complete with the missing verbs

a. J'**aime** l'espagnol car c'est facile   b. Nous **aimons** le dessin car ce n'est pas ennuyeux

c. J'**aime** la chimie mais ce n'est pas utile   d. Mon ami **aime** le français car c'est amusant

e. Elles **adorent** les mathématiques   f. Tu **aimes** la géographie?   g. L'informatique? J'**adore** ça

h. Ils **aiment** les langues car c'est utile

4. Break the flow

a. J'aime l'éducation physique.   b. Tu adores les sciences.   c. Nous n'aimons pas l'informatique.

d. Elles aiment l'espagnol.   e. Ma petite sœur adore le français.   f. Vous aimez la chimie.

g. Je n'aime pas l'allemand et le dessin.   h. Tu aimes l'histoire? J'adore ça.

5. Faulty translation: fix the English

a. J'aime l'espagnol I ~~love~~ **like** Spanish   b. Il adore la chimie ~~She~~ **He** loves chemistry

c. Elle aime le dessin She ~~hates~~ **likes** art   d. Tu aimes l'anglais **He** ~~You~~ likes English

e. Je n'aime pas ça I ~~love~~ **don't like** it   f. Il adore le français He ~~likes~~ **loves** French

g. Ils aiment l'histoire **We** ~~they~~ like history   h. Vous adorez la géo You (guys) ~~like RE~~ **love geography**

6. Choose the correct verb

a. J'**aime** l'allemand.   b. Tu **aimes** le français?   c. Ils **adorent** l'éducation civique.

d. Elle n'**aime** pas la chimie.   e. Tu **adores** l'informatique.   f. Vous **aimez** l'histoire.

g. La géographie? Nous **adorons** ça.   h. Il **aime** l'éducation physique.

7. Translate into French

a. J'aime les sciences.   b. Tu adores la géographie.   c. Nous aimons le français.   d. Elle adore le dessin.
e. Vous aimez les langues.   f. Elles n'aiment pas l'éducation civique.   g. Il n'aime pas les mathématiques. h. J'adore l'anglais.

8. Complete with the missing adjectives in the masculine or feminine forms

a. J'aime l'éducation physique car c'est **amusant**   b. Je n'aime pas le dessin car c'est **compliqué**

c. J'aime l'histoire mais ce n'est pas **facile**   d. J'aime les langues car c'est **intéressant**

e. Le professeur est très **patient**   f. La professeure est très **méchante**

g. La professeure est assez **ennuyeuse**   h. Le professeur est assez **bon**

9. Match up

amusant	fun
utile	useful
fatigant	tiring
bonne	good (f)
méchante	mean (f)
compliqué	complicated
patiente	patient (f)

10. Slalom translation

Au collège, (a)	J'adore (b)	Nous aimons (c)	Mon amie (d)	J'aime ça (e)	J'adore ça (f)
l'informatique (c)	j'étudie (a)	le français (b)	parce que (e)	parce que (f)	n'aime pas (d)
la professeure (f)	mais (c)	l'allemand, (a)	car (b)	les sciences (d)	le prof (e)
car c'est (d)	est (e)	est (f)	l'histoire et (a)	c'est (b)	ce n'est pas (c)
patiente (f)	amusant (c)	difficile (d)	bon (e)	les sciences (a)	utile (b)

11. Translate into English

a. I like German because it is interesting   b. You (guys) love French because it is fun

c. I don't like chemistry. It is not useful   d. We like languages because it is easy

e. The teacher is quite mean   f. The teacher is very patient   g. The teacher is very good

h. The teacher is quite boring

12. Spot and correct the errors

a. J'étudie la géographie. C'est amusant(e̶)   b. Le professeur est ennuyeu(s̶e̶) x

c. La professeur**e** est patiente   d. Le professeur est méchant(e̶)

e. Je n'aime pas les sciences. C'est fatigant(s̶)   f. La professeure est bon**ne**

g. J'aime l'histoire car c'est intéressant(e̶)   h. La professeure est amusant**e**

13. Choose the correct answer

a. J'aime l'allemand. C'est **utile**   b. Les langues? C'est **intéressant**   c. Le professeur est **bon**

d. Les sciences? C'est **compliqué**   e. La professeure est **amusante**

f. J'aime l'informatique. C'est **facile**

14. Arrange the words in the correct order.

a. Quelles matières étudies-tu?   b. Au collège, j'étudie les langues   c. Quelle matière tu aimes?

d. J'aime les mathématiques car c'est utile   e. Quelle matière tu n'aimes pas?

f. Tu aimes la géographie? Pourquoi?   g. Nous n'aimons pas les sciences car ce n'est pas facile

h. Mon ami n'aime pas l'éducation civique car ce n'est pas intéressant

15. Guided translation: complete the translation

a. J'**aime** le dessin car c'est **intéressant**   b. Ils **n'aiment pas** l'éducation physique

c. Mon **ami aime** l'histoire   d. J'**adore ça**, le **professeur** est **bon**

e. J'**aime ça**, la **professeure** est **sympathique**   f. Vous **aimez** le français? **Pourquoi?**

16. Tangled translation

a. **J'étudie** les langues et les sciences   b. **Elles aiment** le dessin car c'est **amusant**

c. **Nous n'aimons pas** l'histoire car c'est **fatigant**   d. **Quelle** matière tu n'aimes pas?

e. Tu aimes **le français? Pourquoi?**   f. **J'adore ça** car **ce n'est pas** ennuyeux

g. Le professeur est très **sympathique**   h. La professeure est assez **bonne**

17. Translate into French

a. Quelles matières étudies-tu?   b. Au collège, j'étudie l'éducation physique et l'informatique

c. Quelle matière tu aimes?   d. J'aime l'espagnol car c'est facile   e. Quelle matière tu n'aimes pas? f. Je

n'aime pas les mathématiques: ce n'est pas amusant   g. Le professeur est ennuyeux

h. La professeure est amusante

FAST & FURIOUS – Round 1

1.   Bonjour. **Quelles** matières **étudies**-tu?
2.   Salut. Au collège, j'**étudie** le **français** et l'**espagnol**.
3.   J'**aime** le **français** car c'**est** facile et ce n'est pas **ennuyeux**.
4.   L'espagnol? Elles **adorent** ça parce que le **professeur** est **amusant**.
5.   J'habite dans une **petite maison** dans le **centre**.

FAST & FURIOUS – Round 2

1.   Bonjour. **Quelles** matières **étudies**-tu?
2.   Salut. Au collège, j'**étudie** le **dessin** et les **langues**.
3.   J'**aime** les **langues** car c'**est** intéressant et ce n'est pas **compliqué**.
4.   Le dessin? Ils **aiment** ça parce que la **professeure** est **patiente**.
5.   J'habite dans une **jolie maison** sur la **côte**.

<h1 style="text-align:center">ASSESSMENT ROUND</h1>

1. Choose the correct translation (you won't need two of the sentences)
a. Au collège, j'étudie les langues et l'éducation civique.   4
b. Quelle matière tu aimes?   2
c. J'aime la géographie car c'est utile.   7
d. Mon ami n'aime pas l'histoire car ce n'est pas amusant.   1
e. Le professeur est assez sympathique.   5

2. Fill in the gaps with the missing words

a. Au collège, j'**étudie** les mathématiques et l'éducation physique.
b. Quelles matières **étudies**-tu?
c. J'aime la chimie car c'est facile et **ce n'est pas** compliqué.
d. Mon amie n'aime pas les **langues** car ce n'est pas facile.
e. La professeure est assez **ennuyeuse.**

3. Translate the sentences into French
a. Je m'appelle Patricia et j'ai vingt-trois ans.
b. Je m'appelle Claude et je suis de Nouméa en Nouvelle Calédonie.
c. J'habite dans une belle maison sur la côte.
d. Nous aimons l'allemand car c'est utile mais nous n'aimons pas les sciences car ce n'est pas facile.
e. J'adore ça parce que la professeure est très bonne.

UNIT 5: Things I like/dislike: free time

1. Match up

nous aimons jouer	we like to play
ils adorent aller	they love to go
je déteste faire	I hate to do
tu n'aimes pas	you don't like
je n'aime pas cela	I don't like it
j'adore jouer	I love to play
elle aime cela	she likes it

2. Complete with the missing letters

a. J'aime aller au parc   b. J'adore jouer au tennis   c. J'aime faire du vélo

d. Il déteste aller se promener

3. Complete with the missing infinitives *aller, faire, jouer*

a. J'aime **aller** me promener   b. Elle déteste **jouer** au foot   c. J'aime **faire** de l'équitation

d. Nous adorons **aller** à la piscine   e. Vous détestez **aller** au gymnase   f. J'adore **faire** de la randonnée

g. Tu n'aimes pas **jouer** aux échecs   h. Ils aiment **faire** du vélo

4. Break the flow

a. J'aime faire du footing.   b. J'adore jouer aux échecs.   c. Ils détestent aller au gymnase.

d. Tu aimes faire de la natation.   e. Ma petite sœur adore aller à la piscine.

f. Nous aimons jouer aux jeux vidéo.   g. Je n'aime pas aller au parc.   h. Vous aimez faire du sport?

5. Faulty translation: fix the English

a. J'aime aller au parc I ~~love~~ **like** to go to the park

b. Elles adorent faire du vélo ~~She~~ **They** love**s** to do cycling

c. Elle aime faire de l'équitation She ~~hates~~ **likes** to do horse riding

d. Tu aimes jouer aux cartes You like to play ~~chess~~ **cards**

e. Vous détestez aller au centre commercial You (guys) ~~love~~ **hate** to go to the shopping mall

6. Choose the correct verb

a. J'**aime** jouer au foot.   b. Tu **aimes** aller au centre sportif?   c. Il **adore** faire du sport.

d. Elle n'**aime** pas jouer au basket.   e. Nous **adorons** faire de la natation.

f. Elles **aiment** aller à la pêche.   g. Le footing? Vous **aimez** cela.   h. Ils **détestent** aller se promener.

7. Translate into French

a. J'aime aller à la pêche.   b. Vous adorez faire de la natation.   c. Il aime jouer au basket.

d. Ils adorent aller se promener.   e. Tu aimes faire du vélo.   f. Nous détestons jouer sur l'ordinateur

g. Il aime aller au gymnase.   h. Vous détestez faire de la randonnée.

8. Complete with the missing adjective

a. Nous aimons aller au centre sportif car c'est **amusant.**

b. Je déteste jouer aux échecs parce que c'est **ennuyeux.**

c. Tu aimes faire de la randonnée car c'est **sain.**

d. Elles adorent faire de la natation parce que c'est **génial.**

e. Je déteste aller me promener car ce n'est pas **intéressant.**

f. J'adore aller chez mon ami car c'est **génial.**

g. Vous n'aimez pas jouer aux jeux vidéo parce que ce n'est pas **sain.**

h. J'aime faire du sport parce que ce n'est pas **ennuyeux.**

9. Match up

amusant	fun
c'est	it is
fatigant	tiring
ce n'est pas	it is not
sain	healthy
intéressant	interesting
ennuyeux	boring

10. Slalom translation

Qu'est-ce que (a)	J'aime aller (b)	J'adore jouer (c)	Ils détestent (d)	J'aime cela (e)	Je déteste ça (f)
jouer au (d)	tu aimes (a)	car c'est (e)	car (f)	à la piscine (b)	aux échecs (c)
parce que (b)	assez (e)	car (c)	faire pendant (a)	basket car (d)	ce n'est pas (f)
amusant et (e)	c'est (b)	ce n'est pas (d)	génial et (f)	c'est (c)	ton (a)
intéressant (f)	intéressant (c)	temps libre? (a)	génial (d)	sain (e)	amusant (b)

11. Translate into English

a. What do you like to do? b. They like to go fishing c. You (guys) hate to do sport d. She loves to play cards e. We like it because it is fun f. They don't like it because it is not healthy

g. You like it because it is not tiring h. I love to do jogging because it is great

12. Spot and correct the errors

a. J'aime ~~faire~~ **jouer** au basket b. Ils détestent ~~jouer~~ **faire** de la randonnée

c. Qu'est-ce que tu **aimes** faire? d. J'adore ~~aller~~ **faire** de la natation

e. Vous aimez cela car c'est amusant f. Je n'**e** aime pas cela car c'est ennuyeux

g. J'aime aller à la pêche car c'est géniale h. Vous adorez **aller** chez votre ami

13. Choose the correct answer

a. J'aime aller **au parc** b. Elle adore jouer **aux cartes** c. Il déteste faire du **vélo**

d. J'aime cela. C'est **amusant** e. Je n'aime pas cela. C'est **fatigant** f. J'aime aller **au gymnase**

14. Arrange the words in the correct order.

a. Quand j'ai du temps libre   b. J'adore aller au parc.   c. Pendant mon temps libre.

d. Ils aiment faire de l'équitation.   e. Nous détestons aller au centre commercial.

f. Vous aimez aller au centre sportif.   g. J'aime cela parce que ce n'est pas fatigant.

h. Je n'aime pas cela parce que ce n'est pas sain.   i. Tu aimes cela parce que c'est amusant.

15. Tangled translation

a. Qu'est-ce que **tu aimes** faire?   b. **J'aime jouer** au foot parce que c'est **amusant**

c. **Je n'aime pas** aller au parc car c'est **fatigant**   d. **Nous adorons faire** du vélo car c'est **sain**

e. Tu aimes **jouer aux échecs? Pourquoi?**   f. **J'aime cela** car **ce n'est pas** ennuyeux

g. **Vous n'aimez pas cela** car **c'est** sain   h. Il aime **faire de la natation** car c'est **génial**

16. Translate into French

a. Vous détestez faire de l'équitation…   b. …car ce n'est pas amusant

c. J'adore aller chez mon ami(e)…   d. …parce que c'est génial   e. Il aime jouer à la Playstation…

f. …car ce n'est pas ennuyeux   g. Elles aiment cela parce que c'est intéressant

h. Je n'aime pas cela parce que ce n'est pas sain

FAST & FURIOUS – Round 1

1. Bonjour. Qu'est-ce que tu **aimes** faire pendant ton temps libre?
2. Pendant mon temps libre, j'**adore aller** chez mon ami.
3. J'**aime** cela parce que c'est **amusant**.
4. Quand j'ai du temps libre, je **déteste** faire de l'**équitation**.
5. Je **n'aime pas** cela car **ce n'est pas** intéressant.

FAST & FURIOUS – Round 2

1. Bonjour. Qu'est-ce que tu aimes **faire** pendant ton temps libre?
2. Pendant mon temps libre, j'adore **jouer** aux jeux vidéo.
3. J'**aime** cela parce que c'est **amusant**.
4. Quand j'ai du temps libre, je **déteste** aller à la **pêche**.
5. Je **n'aime pas** cela car **ce n'est pas** amusant.

ASSESSMENT ROUND

1. Choose the correct translation (you won't need two of the sentences)

a. Qu'est-ce que tu aimes faire pendant ton temps libre?   6

b. J'aime faire de la randonnée avec mes parents.   5

c. Je déteste jouer aux échecs avec mon frère.   1

d. J'aime cela parce que c'est très intéressant.   7

e. Je n'aime pas cela car ce n'est pas amusant.   4

2. Fill in the gaps with the missing words

a. Pendant mon temps libre, j' **adore** me promener.

b. J'aime cela parce que **c'est** assez génial.

c. Quand j'ai du temps libre, je déteste **aller** au gymnase.

d. Je n'aime pas cela car **ce n'est pas** amusant.

e. Je déteste jouer aux **cartes.**

3. Translate the sentences into French

a. Qu'est-ce que tu aimes faire pendant ton temps libre?

b. Pendant mon temps libre, j'adore faire du vélo.

c. J'aime cela parce que c'est sain et ce n'est pas ennuyeux.

d. Quand j'ai du temps libre, je déteste aller à la pêche.

e. Je n'aime pas cela car c'est fatigant et ce n'est pas intéressant.

UNIT 6: Talking about my family members, saying their age and how well I get on with them.

1. Match up

ta tante	your aunt
vos parents	your parents
mon oncle	my uncle
ton frère	your brother
nos amies	our friends (f)
ses amis	his/her friends
leur mère	their mother

2. Complete with the missing letters

a. Je m'entends bien avec l**eur** c**ou**sin   b. Je ne m'entends pas bien avec **ta** s**œu**r

c. Dans ma famille j'ai m**on** fr**è**re c**a**d**e**t   d. Je m'entends bien avec **ta** m**è**re

3. Complete with the correct form of my, your, his/her, our, your, their

a. Je m'entends bien avec **mon** cousin

b. Je ne m'entends pas bien avec **leur** sœur

c. Je m'entends bien avec **tes/vos** cousins

d. Je ne m'entends pas bien avec **son** copain

e. Je m'entends bien avec **nos** chiens

f. Je ne m'entends pas bien avec **son** cheval

g. Je m'entends bien avec **ta/votre** tante

h. Je ne m'entends pas bien avec **ses** oncles

4. Break the flow

a. Dans ma famille j'ai mon père et ma mère.

b. Je m'entends bien avec mon frère aîné.

c. Je ne m'entends pas bien avec ton père.

d. Dans ma famille j'ai mon oncle et ma tante.

e. Je m'entends bien avec leur grand-père.

f. Je ne m'entends pas bien avec votre cousine.

g. Dans ma famille j'ai mon frère et ma sœur.

h. Je m'entends bien avec ta sœur cadette.

5. Faulty translation: fix the English

a. I get on well with ~~your~~ my cousin.   b. In my family, I have my ~~grandmother~~ grandfather.

c. I don't get on well with ~~his~~ their brother.   d. In my family, I have my ~~older~~ younger brother.

e. I get on well with ~~your~~ his/her uncle.

6. Choose the correct possessive adjective

a. Je m'entends bien avec **ma** mère.

b. Dans ma famille, j'ai **mon** frère.

c. Je m'entends bien avec **ta** mère.

d. Je ne m'entends pas bien avec **sa** sœur.

e. Dans ma famille, j'ai **mon** grand-père.

f. Je ne m'entends pas bien avec **votre** amie.

g. Je m'entends bien avec **mes** frères.

h. Je m'entends bien avec **leurs** parents.

7. Translate into French

a. Dans ma famille j'ai ma tante.

b. Je m'entends bien avec sa cousine.

c. Dans ma famille, j'ai mon frère.

d. Je m'entends bien avec ta/votre sœur.

e. Dans ma famille, j'ai ma mère.

f. Je m'entends bien avec leur père.

g. Dans ma famille, j'ai mon oncle.

h. Je m'entends bien avec ta/votre tante.

8. Match up

Je m'entends bien avec ma mère	I get on well with my mother
Tu t'entends bien avec ton frère	You get on well with your brother
Nous nous entendons bien avec sa tante.	We get on well with his aunt
Elle s'entend bien avec sa grand-mère.	She gets on well with her grandmother
Ils ne s'entendent pas bien avec leur sœur.	They don't get on well with their sister
Tu ne t'entends pas bien avec ton oncle.	You don't get on well with your uncle
Vous ne vous entendez pas bien avec votre père.	You (guys) don't get on well with your father

9. Complete with the correct form of s'entendre

a. Je **m'entends** bien avec ton frère   b. Tu **t'entends** bien avec ta mère

c. Nous **nous entendons** bien avec nos cousins   d. Il ne **s'entend** pas bien avec ma sœur

e. Vous **vous entendez** bien avec vos frères   f. Je ne **m'entends** pas bien avec mon oncle

g. Elles **s'entendent** bien avec leur tante   h. Elle ne **s'entend** pas bien avec ses tantes

10. Slalom translation

Tu (a)	Chez moi (b)	Je m'entends (c)	Il s'entend (d)	Elle s'entend (e)	Je m'entends (f)
bien avec (f)	bien avec (c)	t'entends (a)	bien avec (d)	j'ai (b)	bien avec (e)
mon chien, (b)	mon père (c)	ses copains (e)	ses frères (d)	bien avec (a)	ton oncle (f)
et (c)	et (d)	et (e)	ton (a)	et (f)	mon chat et (b)
ses sœurs (d)	ma mère (c)	ses profs (e)	mes parents (b)	ta tante (f)	oncle? (a)

11. Translate into English

a. Do you get on well with your sister?   b. I get on well with my cat

c. He gets on well with his friend   d. We get on well with his/her friend

e. I don't get on well with your father   f. They get on well with their penguins

g. They (f) don't get on well with your friends   h. You (guys) get on well with your parents

12. Spot and correct the errors

a. Je m'entends bien avec mon copain(~~s~~) OR **mes** copains

b. Vous vous entend~~ons~~ **ez** bien avec vos frères

c. Dans ma famille j'ai ~~mon~~ **ma** sœur

d. Tu t'entends bien avec ~~ta~~ **ton** père

e. Ils ne s'entend~~s~~ **ent** pas bien avec leurs profs

f. Je ne m'entends pas bien avec ~~ma~~ **mon** oncle

g. Nous **nous** entendons bien avec notre cousin

h. Elle ne ~~se~~ **s'**entend pas bien avec moi

13. Choose the correct answer

a. J'ai **mes frères**   b. J'ai **ma sœur**   c. J'ai **mon père**   d. Je m'entends bien avec **ta sœur**

e. Il s'entend bien avec **sa tante**   f. Nous nous entendons bien avec **ta mère**

14. Arrange the words in the correct order.

a. Tu t'entends bien avec tes parents?   b. Tu t'entends mal avec quelqu'un?

c. Je ne m'entends pas bien avec mon père   d. Ils s'entendent bien avec mes sœurs

e. Il ne s'entend pas bien avec sa grand-mère   f. Dans sa famille, il a son père et ses chiens

g. J'ai mon père, ma mère et mes sœurs   h. Vous ne vous entendez pas bien avec ma mère.

15. Tangled translation

a. **Tu t'entends bien** avec ta sœur   b. Tu t'entends bien **avec tes parents?**

c. **Je m'entends bien** avec **ton oncle**   d. Dans ma famille, **j'ai** mes parents

e. **Vous vous entendez bien** avec votre tante   f. **Il s'entend bien** avec **ses** grands-parents

g. **Je ne m'entends pas** bien avec **tes frères**   h. Ils **ne s'entendent pas bien** avec **leur sœur**

16. Translate into French

a. Tu t'entends bien avec ta tante?   b. Chez moi j'ai mes parents

c. Elles s'entendent bien avec leur père   d. Il s'entend bien avec ses tantes

e. Vous vous entendez bien avec ma mère   f. Nous ne nous entendons pas bien avec ses amis

g. Je ne m'entends pas bien avec ton frère   h. Je m'entends bien avec ta sœur aînée

FAST & FURIOUS – Round 1

1.   Bonjour. Avec qui tu **t'entends** bien dans ta famille?
2.   Dans ma famille, je **m'entends** bien avec **mes** parents.
3.   Je **ne m'entends pas** bien avec **ma** sœur car elle est méchante.
4.   Tu t'entends bien avec **ton chien**?
5.   **Il s'entend bien** avec **ses** profs car ils sont sympas.

FAST & FURIOUS – Round 2

1.   Bonjour. Avec qui tu **t'entends** bien dans ta famille?
2.   Dans ma famille, je m'entends bien avec **mes grands-parents**.
3.   Tu **ne t'entends pas** bien avec **ta** mère car elle est stressée.
4.   Tu t'entends bien avec ton **chat**?
5.   **Elle s'entend bien** avec **ses** parents car ils sont gentils.

ASSESSMENT ROUND

1. Choose the correct translation (you won't need two of the sentences)

a. Tu t'entends bien avec ton frère aîné?	6
b. Je m'entends bien avec tes copains car ils sont sympas.	1
c. Tu ne t'entends pas bien avec mes frères.	7
d. Elle s'entend bien avec ses copines car elle a cinq ans.	5
e. Je ne m'entends pas bien avec ton père.	2

2. Fill in the gaps with the missing words

a. Pendant mon temps libre, j'**aime** jouer au tennis.

b. Tu t'**entends** bien avec tes parents?

c. Je m'entends **bien** avec mes profs car il sont gentils.

d. **Mon** chien s'appelle Benji et il a six ans.

e. Elle ne s'entend pas bien avec sa **mère** car elle est impatiente.

3. Translate the sentences into French

a. Avec qui tu t'entends bien dans ta famille?

b. Il y a quatre personnes dans ma famille.

c. Dans ma famille, je m'entends bien avec mes parents.

d. Elle s'entend bien avec sa mère car elle est détendue.

e. Tu ne t'entends pas bien avec ton père car il est énervé.

UNIT 7: Describing hair and eyes

1. Match up

bruns	brown
rasés	shaved
mi-longs	mid-length
bleus	blue
courts	short
raides	straight
frisés	curly

2. Complete with the missing letters

a. J'ai les cheveux bl**o**nd**s** et ra**i**de**s**   b. J'ai les **y**eu**x** verts et marron

c. J'ai les **c**heveux n**o**irs et fris**é**s   d. J'ai les **y**eux bleu**s**

3. Complete with the correct form of the adjectives

a. J'ai les cheveux **longs** et **bruns**   b. J'ai les cheveux **courts** et **frisés**

c. J'ai les cheveux **mi-longs** et **blonds**   d. J'ai les cheveux **ondulés** et **noirs**

e. J'ai les cheveux **frisés** et **roux**   f. J'ai les cheveux **ondulés** et **châtains**

g. J'ai les yeux **verts** et **marron**   h. J'ai les yeux **bleus** et **noirs**

4. Break the flow

a. J'ai les cheveux blonds et courts.   b. J'ai les yeux bleus.   c. J'ai les cheveux bruns et raides.

d. J'ai les yeux marron.   e. J'ai les cheveux châtains et frisés.   f. J'ai les yeux noirs.

g. J'ai les cheveux roux et mi-longs.   h. J'ai les yeux verts.

5. Faulty translation: fix the English

a. I have black and ~~short~~ **long** hair   b. I have brown and ~~blue~~ **green** eyes

c. ~~She has~~ **I have** light brown and mid-length hair   d. I have black ~~hair~~ **eyes**

e. I have red, short and ~~curly~~ **wavy** hair

6. Choose the correct adjective

a. J'ai les cheveux **frisés**.   b. J'ai les yeux **bleus**.   c. J'ai les cheveux **courts**.   d. J'ai les yeux **verts**.

e. J'ai les cheveux **châtains**.   f. J'ai les yeux **marron**.   g. J'ai les cheveux **courts et raides**.

h. J'ai les yeux **noirs**.

7. Translate into French

a. J'ai les cheveux bruns et longs.   b. J'ai les cheveux blonds et courts.

c. J'ai les cheveux noirs et frisés.   d. J'ai les yeux marron.   e. J'ai les cheveux roux et raides.

f. J'ai les cheveux châtains et ondulés.   g. J'ai les cheveux noirs et raides.

h. J'ai les yeux verts et marron.

8. Complete with the correct form of avoir

a. **J'ai** les cheveux bruns et raides   b. **Elle a** les cheveux roux et ondulés

c. **Tu as** les cheveux noirs et mi-longs   d. **Ils ont** les cheveux blonds et en épis

e. **Nous avons** les yeux bleus   f. **Il a** les yeux verts   g. **Vous avez** les yeux marron

h. **Elles ont** les yeux noirs

9. Match up

Il a les yeux verts.	He has green eyes .
J'ai les cheveux mi-longs et frisés.	I have mid-length and curly hair.
Elle a les cheveux rasés.	She has shaved hair.
Tu as les yeux marron.	You have brown eyes.
Vous avez les yeux noirs.	You (guys) have black eyes.
Ils ont les cheveux courts et ondulés.	They (m) have short and wavy hair.
Nous avons les cheveux châtains et raides.	We have light brown and straight hair.

10. Slalom translation

J'ai (a)	Tu as (b)	Elle a (c)	Ils ont (d)	Vous avez (e)	Il a les yeux (f)
les yeux (a)	les yeux verts (e)	les yeux (d)	les cheveux (c)	marron (f)	les cheveux (b)
ondulés et (c)	et il a (f)	bleus et (a)	mi-longs, (b)	et vous avez (e)	noirs et (d)
les cheveux (e)	bruns et (b)	les cheveux (d)	les cheveux (a)	les cheveux (f)	elle a les (c)
frisés (b)	courts (d)	rasés (f)	longs et noirs (a)	yeux marron (c)	raides (e)

11. Translate into English

a. I have short and red hair   b. She has green eyes and long hair   c. They (m) have short and curly hair

d. We have brown eyes   e. He has blue eyes and short hair   f. You have blond and wavy hair

g. You (guys) have long, straight and black hair   h. They (f) have green eyes

12. Spot and correct the errors

a. J'ai les yeux marron(s̶)   b. Ils ont les **cheveux** blonds et courts

c. Vous ~~avons~~ **avez** les yeux verts / **Nous** ~~Vous~~ avons les yeux verts.   d. Il a les cheveux long(u̶e̶)s

e. Elles ont les cheveux(s̶) noirs et ondulés   f. Nous avons les **yeux bleus**.

g. Elle a les cheveux roux(s̶)   h. Tu as les cheveux court(e̶)s et frisé**s**.

13. Choose the correct answer

a. J'ai les cheveux **raides**   b. Elles ont les yeux **marron**   c. Il a les cheveux **courts**

d. Tu as les cheveux **châtains**   e. Nous avons les cheveux **blonds**   f. Vous avez les yeux **verts**

14. Arrange the words in the correct order.

a. Comment sont tes cheveux?   b. J'ai les cheveux courts et blonds

c. De quelle couleur sont tes yeux?   d. J'ai les yeux bleus et marron

e. Tu as les cheveux mi-longs et frisés   f. Elles ont les cheveux longs, noirs et frisés

g. Elle a les cheveux courts et les yeux marron   h. Nous avons les cheveux ondulés et châtains

15. Tangled translation

a. De quelle couleur sont **tes yeux?**   b. J'ai les yeux **bleus** et **verts**   c. Comment sont **tes cheveux?**

d. **Nous avons** les cheveux **mi-longs** et **noirs**   e. **J'ai** les cheveux **châtains** et **frisés**

f. **Ils ont** les yeux **marron**   g. **Elle a** les cheveux **roux** et **ondulés**

h. **Vous avez** les cheveux **noirs** et **courts**

16. Translate into French

a. J'ai les yeux marron   b. Il a les cheveux courts et il a les yeux bleus

 c. Elle a les cheveux blonds, longs et frisés   d. Elles ont les cheveux blonds et ondulés

e. Tu as les yeux marron et les cheveux rasés   f. Nous avons les cheveux ondulés et noirs

g. Vous avez les yeux verts   h. Ils ont les cheveux roux et ondulés

FAST & FURIOUS – Round 1

1.   Bonjour. Comment tu **t'appelles**?
2.   Je **m'appelle** Anthony et j'ai **quinze** ans.
3.   Je **ne m'entends pas** bien avec **ma** sœur car elle est méchante.
4.   J'ai les cheveux **courts, en épis** et **roux**.
5.   J'ai les yeux **verts** et je **n'ai pas** de barbe.

FAST & FURIOUS – Round 2

1.   Bonjour. **Comment** tu t'appelles?
2.   Je **m'appelle** Claire et j'ai **treize** ans.
3.   Je **m'entends** bien avec **mon** frère car il est **gentil**.
4.   J'ai les cheveux **longs, raides** et **noirs**.
5.   J'ai les yeux **marron** et je **ne porte pas** de lunettes.

ASSESSMENT ROUND

1. Choose the correct translation (you won't need two of the sentences)

a. Comment sont tes cheveux ?   5

b. J'ai les cheveux courts, raides et châtains.   7

c. Il a les cheveux courts, frisés et bruns.   1

d. Elle s'entend bien avec ses copines.   4

e. J'ai une barbe mais je ne porte pas de lunettes.   6

2. Fill in the gaps with the missing words

a. Je m'appelle Isabelle et j'ai les **yeux** noirs.

b. De quelle **couleur** sont tes yeux?

c. J'ai les cheveux châtains, **frisés** et mi-longs.

d. J'ai une barbe mais je **n'ai pas** de moustache.

e. Je ne **porte** pas de lunettes.

3. Translate the sentences into French

a. Nous avons les cheveux blonds mais ma sœur a les cheveux noirs.

b. J'ai les yeux bleus mais mon frère a les yeux verts.

c. Vous avez les cheveux rasés et vous avez les yeux marron.

d. Je m'appelle Charles et j'ai dix-huit ans.

e. Je m'entends bien avec ma mère car elle est sympathique.

UNIT 8: Describing myself and another family member: physical and personality

1. Match up

mon frère	my brother
elle est	she is
fort	strong
il est	he is
petit(e)	short
un peu	a bit
assez	quite

2. Complete the grid

Masculine	Feminine
méchant	**méchante**
beau	belle
timide	timide
gros	**grosse**
amusant	**amusante**
têtu	têtue

3. Complete with the correct form of the adjectives

a. Mon père est **têtu** b. Ma tante est **grande** c. Il est très **amusant** et **intelligent**

d. Elle est assez **méchante** et **têtue** e. Mon père est **petit** et **mince**

f. Mon frère est **généreux** et **sympa** g. Ma sœur est **sympa** et **petite**

h. Ma tante est **belle** et **intelligente**

4. Translate into English

a. What is your father like? b. My father is very tall and quite nice

c. Do you get on well with your brother? d. She is very nice but a bit shy

e. I get on well with my mother f. I get along badly with my grandmother

g. She is quite mean and short h. My little brother is fun

5. Spot and correct the errors

a. Je ~~s'~~ **m'entends** mal avec ma cousine b. Elle est très têtu**e** OR ~~Elle~~ **Il** est très têtu

c. Elle est assez petit**e** d. Je m'entends mal avec ~~mon~~ **ma** mère

e. Je m'entend**s** bien avec mon oncle f. Il est amusant~~(e)~~ et sympa g. Il est un peu méchant~~(e)~~

h. Il ~~a~~ **est** assez honnête

6. Choose the correct answer

a. Mon père est **généreux** b. Ma mère est **grande** c. Je m'entends bien avec **ma tante**

d. Je m'entends bien avec **mon frère** e. Mon cousin est **timide** f. Ma cousine est **méchante**

7. Arrange the words in the correct order.

a. Dans ma famille j'ai mon grand-père et ma grand-mère.

b. Je m'entends bien avec mon grand-père car il est très sympa.

c. Je m'entends mal avec ma grand-mère car elle est assez têtue.

d. Ma petite sœur est assez amusante mais un peu méchante.

e. Mon grand frère est très généreux mais un peu timide.

f. Mon père est très grand et très fort.

8. Choose the correct translation

a.	**I get on well**	**je m'entends bien**	je m'entends mal	je ne supporte pas
b.	**I get on badly**	je m'entends bien	**je m'entends mal**	je ne supporte pas
c.	**he is nice**	il est gentil	**il est sympa**	il est génial
d.	**she is strong**	elle est petite	elle est grande	**elle est forte**
e.	**he is fun**	il est drôle	**il est amusant**	il est marrant
f.	**she is short**	**elle est petite**	elle est minuscule	elle est grande
g.	**he is handsome**	il est moche	il est petit	**il est beau**
h.	**she is pretty**	elle est grande	**elle est belle**	elle est sympa

9. Slalom translation

Je m'entends (a)	Mon père (b)	Ma mère (c)	Je m'entends (d)	Mon cousin (e)	Mon chat (f)
est très (c)	est assez (e)	bien avec (a)	est un peu (f)	mal avec (d)	est (b)
petit (f)	ma sœur (a)	honnête (e)	mon frère (d)	très grand (b)	forte (c)
mais un peu (e)	et assez (b)	et un peu (c)	car elle est (a)	mais assez (f)	car il est (d)
têtu (b)	méchant (d)	gros (f)	généreuse (c)	amusante (a)	timide (e)

10. Guided translation: complete the translation

a. Je m'**entends** bien avec **mon** père   b. Je m'**entends** mal avec **ma** cousine

c. Il est très **petit** mais **fort**   d. Elle est **intelligente** mais assez **méchante**

e. Mon chien est vraiment **beau**   f. Mon chat **est** assez **mince**

11. Tangled translation

a. Dans ma famille, j'ai **mon grand-père**   b. **Je m'entends bien avec** ma tante

c. Elle est un peu **intelligente**   d. **Je m'entends mal avec** ma cousine

e. **Elle est** assez **grande** et un peu **belle**   f. **Il est** assez **têtu**   g. **Ma grande sœur** est très **sympa** h. **Mon petit frère** est un peu **fort**

12. Translate into French
a. Mon cousin est méchant   b. Mon chat est très gros   c. Ma sœur est un peu honnête
d. Ma mère est très intelligente   e. Mon oncle est un peu amusant   f. Ma cousine est assez belle
g. Ma tante est très grande   h. Mon grand-père est assez têtu

FAST & FURIOUS – Round 1
1.   Bonjour. Comment est **ton père**?
2.   Mon père est très **grand**, **fort** et **sympa**.
3.   Tu **t'entends** bien avec **ta** mère?
4.   Je **m'entends** bien avec **ma** mère.
5.   Elle est très **amusante**, **intelligente** et **honnête**.

FAST & FURIOUS – Round 2
1.   Bonjour. Comment est **ton frère**?
2.   Mon frère est très **beau**, **généreux** et **mince**.
3.   Tu **t'entends** bien avec **ta** sœur?
4.   Je **m'entends** mal avec **ma** sœur.
5.   Elle est très **têtue**, **méchante** et **petite**.

ASSESSMENT ROUND

1. Choose the correct translation (you won't need two of the sentences)
a. Tu t'entends bien avec ton frère?   4
b. Je m'entends mal avec mon oncle.   6
c. Il est très grand, assez amusant et intelligent.   2
d. Je m'entends mal avec ma sœur.   1
e. Elle est assez forte, méchante et têtue.   5

2. Fill in the gaps with the missing words
a. Je m'appelle Isabelle et j'ai **treize** ans.
b. Je m'**entends** bien avec ma mère.
c. Elle est très **sympa** et généreuse.
d. Je m'entends mal avec **mon** père.
e. Il est assez **têtu** et méchant.

3. Translate the sentences into French
a. Je m'entends bien avec ma grand-mère.
b. Mon grand frère est très sympa, assez honnête et généreux.
c. Elle est un peu belle, petite et généreuse.
d. Tu t'entends bien avec ton grand-père?
e. Elle est assez amusante, forte et intelligente.

UNIT 9: Comparing people's appearance and personality

1. Match up

plus grand que	taller than
plus fort que	stronger than
moins sympa que	less nice than
moins vieux que	less old than
aussi petit que	as short as
aussi faible que	as weak as
plus jeune que	younger than

2. Complete with the missing letters
a. Il est plus bavard que mon père   b. Elle est moins sportive que moi

c. Ils sont plus beaux que mes frères   d. Elles sont moins petites que toi

3. Complete with the correct form of the adjectives
a. Elle est plus **grande** que mon frère   b. Il est moins **sérieux** que mon père

c. Ils sont plus **petits** que leur sœur   d. Nous sommes aussi **bavards/bavardes** que notre mère

e. Mon père est moins **fort** que mon oncle   f. Mes frères sont aussi **paresseux** que mes amis

g. Vous êtes plus **sportifs/sportives** que votre mère   h. Ma tante est moins **ennuyeuse** que ma cousine

4. Break the flow
a. Leur fils est plus fort que mon cousin.   b. Nous sommes plus sympa que leur sœur.

c. Ma tortue est plus stupide que mon chien.   d. Mon chat est moins gros que mon canard.

e. Ma mère est aussi bavarde que moi.   f. Mon père est aussi bruyant que mon frère.

g. Vous êtes moins grandes que mon oncle.   h. Mes frères sont moins sportifs que moi.

5. Faulty translation: fix the English
a. My ~~son~~ **daughter** is more likeable than my ~~daughter~~ **son**

b. Their friend is ~~taller~~ **shorter** than my brother   c. My cat is ~~less~~ **more** stupid than my turtle

d. He is ~~less~~ **as** lazy ~~than~~ **as** me   e. They are ~~as~~ **less** serious ~~as~~ **than** their mother

6. Choose the correct adjective
a. Votre sœur est moins **bavarde** que moi.   b. Mon frère est plus **sportif** que toi.

c. Ton chat est plus **petit** que mon chien.   d. Mes parents sont plus **vieux** que moi.

e. Ma tortue est aussi **belle** que ton chat.   f. Il est moins **travailleur** que moi.

g. Elle est plus **grande** que ma cousine.   h. Il est aussi **amusant** que mon fils.

7. Translate into French
a. Il est aussi affectueux que moi.   b. Elle est aussi bruyante que son oncle.

c. Il est moins faible que mon frère.   d. Elle est plus tranquille que moi.

e. Il est plus bavard que moi.   f. Elle est moins grande que sa sœur.

g. Il est aussi fort que mon ami.   h. Elle est moins aimable que moi.

8. Match up

Elle est plus intelligente que moi	She is more intelligent than me
Il est moins beau que mon petit ami	He is less good-looking than my boyfriend
Elle est aussi barbante que ma sœur	She is as boring as my sister
Il est plus mince que ton chien	He is slimmer than your dog
Elle est moins paresseuse que moi	She is less lazy than me
Ils sont aussi petits que leur frère	They are as short as their brother
Vous êtes plus amusantes que nos amies	You (guys) are funnier than our friends

9. Slalom translation

Mon père (a)	Mes amis (b)	Mon canard (c)	Nous (d)	Vous êtes (e)	Mes chiens (f)
moins (e)	est aussi (c)	sont plus (b)	est plus (a)	sont aussi (f)	sommes plus (d)
gros (c)	jeunes (d)	travailleurs (b)	moches (f)	bavardes (e)	grand (a)
que votre (e)	que ma (a)	que mes (b)	que mes (f)	que vos (d)	que mon (c)
chat (c)	parents (d)	frères (b)	chats (f)	mère (a)	sœur (e)

10. Translate into English

a. He is less affectionate than his brother   b. My cat is as ugly as his/her dog
c. My turtle is more stupid than your cat   d. My mother is younger than my aunt
e. My friend is older than my brother   f. My (girl) friends are prettier than your (boy) friends
g. My sisters are funnier than me   h. My little brother is more fun than you

11. Spot and correct the errors

a. Mon canard est plu**s** moche que mon chat   b. Elle est moins intelligent**e** que sa sœur
c. Il est **aussi** amusant **que** mon père   d. Elle est plus **bruyante que** mes amis
e. Mes oncles sont plu**s** faible**s** que mes tantes   f. Il est moins amusant(~~e~~) que ma mère
g. Il est plus sporti**f** ~~ve~~ que ma sœur   h. Mes amis sont moins petit**s** que moi

12. Choose the correct answer

a. Mon père est plus **sympa**   b. Ma mère est plus **forte**   c. Mes parents sont moins **barbants**
d. Nos amis sont plus **bruyants**   e. Vos canards sont plus **minces**   f. Leur tortue est plus **moche**

13. Arrange the words in the correct order.

a. Ta grand-mère est moins antipathique que ta mère.
b. Mon ami Paul est aussi beau que mon ami Pierre.
c. Leur chat est plus gros que leur chien.
d. Ma petite sœur est plus amusante que ton frère.
e. Mon grand frère est plus généreux que mon petit frère.

14. Tangled translation

a. **Leur** chat est **aussi gros que** mon chien   b. Sa tortue est **plus mince que** mon canard

c. Elle est **plus intelligente que** ma sœur   d. Ma cousine est **moins sportive que** moi

e. **Elle est** aussi **grande** que mon amie   f. **Il est moins** bavard que **mon père**

g. **Elles sont plus sympas que** ton amie   h. **Mon petit frère** est **plus fort que** toi

15. Translate into French

a. Mon chat est aussi mince que mon chien   b. Ta petite amie est plus grande que ma sœur

c. Leurs parents sont plus vieux que tes parents   d. Ma mère est aussi intelligente que mon père

e. Tes/Vos oncles sont plus amusants que tes/vos tantes   f. Ma cousine est plus paresseuse que mon frère

g. Ma tortue est moins stupide que son canard   h. Mon grand-père est aussi sportif que moi

FAST & FURIOUS – Round 1

1.   Bonjour. Comment est **ton père**?

2.   Mon père est plus **vieux** que ma mère mais **plus** petit **que** mon oncle.

3.   Tu t'**entends** bien avec ta **mère**?

4.   Non car elle est **moins sympa que** ma tante.

5.   Mon chien est **aussi gros que** mon chat.

FAST & FURIOUS – Round 2

1.   Bonjour. Comment est **ton frère**?

2.   Mon frère est plus **sympa** que ma sœur mais **plus** jeune **que** moi.

3.   Tu t'**entends** bien avec ta **tante**?

4.   Non car elle est **moins amusante que** ma mère.

5.   Mon canard est **aussi paresseux que** ma tortue.

1. Choose the correct translation (you won't need two of the sentences)
a. Ma grand-mère est plus sympa que mon grand-père.   3
b. Ma cousine est moins paresseuse que mon cousin.   6
c. Mon fils est moins grand que ma fille.   1
d. Mon oncle est aussi intelligent que ma mère.   4
e. Mon chien est moins vieux que mon canard.   5

2. Fill in the gaps with the missing words
a. Je m'appelle Isabelle et j'ai **quinze** ans.
b. Je m'**entends** bien avec ma mère.
c. Elle est plus **généreuse** que mon père.
d. Mon père est **moins** affectueux que ma mère.
e. Mes parents sont aussi **sportifs** que mes oncles.

3. Translate the sentences into French
a. Je m'entends bien avec mes parents.
b. Mon grand frère est plus sympa que mon petit frère.
c. Elle est moins généreuse que moi.
d. Leur chien est plus intelligent que mon canard.
e. Sa tante est aussi forte que son oncle.

Unit 10: Describing my teachers and saying why I like them

1. Match up

j'adore	I love
nous aimons	we like
ils n'aiment pas	they don't like
il n'est jamais	he is never
vous êtes	you (guys) are
tu n'es pas	you aren't
je suis	I am

2. Complete the grid

Masculine	Feminine
ennuyeux	**ennuyeuse**
impatient	impatiente
travailleur	travailleuse
gentil	**gentille**
intelligent	intelligente
strict	**stricte**

3. Complete with the correct form of the adjectives

a. Nous aimons notre prof parce qu'il est **gentil**   b. J'adore ma prof parce qu'elle est **patiente**

c. Ils aiment leur prof parce qu'il est **drôle**   d. Il adore son prof parce qu'il est **sympa/sympathique**

e. J'adore ma prof parce qu'elle est **intéressante**   f. Je n'aime pas mon prof car il est **méchant**

g. Je n'aime pas ma prof car elle est **stricte**

4. Translate into English

a. I love my art teacher…   b. …because she is kind   c. You (guys) don't like your French teacher…

d. …because he is never patient   e. They (f) like their Spanish teacher…   f. …because he is hard-working

g. You don't like your science teacher…   h. …because she is impatient

5. Spot and correct the errors

a. J'aime(s) mon prof de musique…   b. …parce qu'il est patient(e)

c. Ils n'aim(es)ent pas leur prof de technologie…   d. …parce qu'elle il est méchant

e. Nous ador(ez)ons notre prof de mathématiques…   f. …parce qu'elle n'(e) est jamais en colère

g. Vous aim(ons)ez votre prof de théâtre… h. …parce qu'elle n'est pas ennuy(eux)euse

6. Choose the correct answer

a. Mon prof n'est pas **ennuyeux**   b. Sa prof est **drôle**   c. Ton prof est **patient**

d. Notre prof n'est pas **méchante**   e. Votre prof est **gentil**   f. Ma prof est **travailleuse**

7. Arrange the words in the correct order.

a. J'aime mon prof de dessin parce qu'il est gentil.

b. Elle n'aime pas sa prof d'allemand parce qu'elle est méchante.

c. Tu adores ta prof de français parce qu'elle est travailleuse.

d. Vous aimez votre prof d'espagnol parce qu'il n'est jamais strict.

e. Nous adorons notre prof de théâtre parce qu'il n'est jamais impatient.

f. Ils n'aiment pas leur prof de sciences parce qu'elle n'est pas intelligente.

8. Choose the correct translation

a.	**he likes**	elle aime	**il aime**	tu aimes
b.	**we love**	**nous adorons**	il adore	elle adore
c.	**never**	pas	plus	**jamais**
d.	**they are**	tu es	je suis	**ils sont**
e.	**you like**	elle aime	il aime	**tu aimes**
f.	**you (guys) are**	tu es	**vous êtes**	il est
g.	**they love**	j'adore	tu adores	**elles adorent**
h.	**she is**	il est	**elle est**	tu es

9. Slalom translation

Tu aimes (a)	Ils adorent (b)	Il n'aime pas (c)	Je n'aime pas (d)	Vous adorez (e)	Nous aimons (f)
sa prof de (c)	votre prof de (e)	ta prof d' (a)	mon prof de (d)	leur prof d' (b)	notre prof de (f)
théâtre (f)	anglais (a)	musique (d)	histoire (b)	sciences (e)	maths (c)
parce qu'il (b)	parce qu'elle (a)	parce qu'elle (c)	parce qu'elle (e)	parce qu'il (d)	parce qu'il (f)
est drôle (d)	est gentil (f)	est stricte (c)	est sympa (e)	est patient (b)	est gentille (a)

10. Guided translation: complete the translation

a. Mon **professeur** de français **n'**est **jamais** méchant

b. Notre prof d'informatique **est travailleuse**

c. Ta prof de **sciences n'**est **pas** drôle

d. Ma prof d'**espagnol** est **gentille**

e. Leur prof de **théâtre** est **intéressant**

f. Ils **adorent** leur **professeur** d'allemand

11. Tangled translation

a. J'**adore** ma prof d'**anglais**...   b. ...parce qu'elle est **sympathique**

c. Il n'aime pas son **prof** de français...   d. ...parce qu'il n'est **jamais drôle**

e. Vous **aimez** votre prof d'**espagnol**…   f. …parce qu'il est **intelligent**

g. Elles n'aiment **pas** leur prof de sciences…   h. …parce qu'**elle est méchante**

12. Translate into French

a. J'aime mon prof d'allemand…   b. …parce qu'il est travailleur   c. Il adore sa prof de théâtre… d. …parce

qu'elle est drôle   e. Nous n'aimons pas notre prof de mathématiques…

f. …parce qu'elle n'est jamais patiente   g. Ils aiment leur prof d'histoire…

h. …parce qu'il est intelligent

FAST & FURIOUS – Round 1

1.   Bonjour. Tu **aimes** ton **professeur** de dessin?
2.   Oui, **j'aime** mon prof de **dessin** parce qu'il est **travailleur**.
3.   Tu **aimes** ta prof de mathématiques?
4.   Non, je **n'aime pas** ma prof de mathématiques **parce qu'**elle n'est pas **patiente**.
5.   J'**adore** mon prof de français parce qu'**il n'est jamais** de mauvaise humeur.

FAST & FURIOUS – Round 2

1.   Bonjour. Tu **aimes** ton **professeur** de théâtre?
2.   Oui, **j'adore** mon prof de **théâtre** parce qu'il est **drôle**.
3.   Tu **aimes** ta prof d'espagnol?
4.   Non, je **n'aime pas** ma prof d'espagnol **parce qu'**elle n'est pas **gentille**.
5.   J'**adore** mon prof de sciences parce qu'**il n'est jamais** en colère.

ASSESSMENT ROUND

1. Choose the correct translation (you won't need two of the sentences)

a. J'adore mon prof d'histoire parce qu'il est intelligent.   7

b. J'aime ma prof d'espagnol parce qu'elle est sympa.   4

c. Je n'aime pas mon prof de dessin parce qu'il est méchant.   1

d. Il aime son prof de sciences parce qu'il n'est pas impatient. 5

e. Elle adore sa prof d'informatique parce qu'elle est gentille. 2

2. Fill in the gaps with the missing words

a. Je m'appelle Isabelle et j'ai **quinze** ans.

b. J'**adore** ma prof de français.

c. Elle est plus **patiente** que ma prof d'allemand.

d. Je n'aime pas mon prof d'histoire parce qu'il est **méchant**.

e. Il est **moins** sympathique que mon prof de géographie.

3. Translate the sentences into French

a. Nous aimons notre professeur d'informatique parce qu'il est intéressant.

b. Je n'aime pas ma professeure de technologie parce qu'elle n'est pas sympathique.

c. Vous adorez votre professeure de musique parce qu'elle est travailleuse.

d. Tu n'aimes pas ton professeur de sciences parce qu'il n'est jamais de bonne humeur.

e. Elles aiment leur professeure d'anglais parce qu'elle est drôle.

UNIT 11: Saying what I and others do in our free time

1. Match up

Je fais	I do
Tu joues	You play
Il va	He goes
Nous faisons	We do
Elles jouent	They play
Vous allez	You (guys) go
Vous faites	You (guys) do

2. Complete with the missing letters

a. Je **jou**e au basket   b. Elle **fai**t du vélo   c. V**ou**s all**ez** au parc   d. **Il**s **von**t à la plage   e. **N**ous **fai**sons du ski

f. **Tu jou**es aux cartes   g. **Je vais** à la plage

3. Complete with the correct form of jouer, faire ou aller

a. Je **joue** aux échecs   b. Tu **fais** de l'équitation   c. Ils **vont** au centre commercial

d. Nous **jouons** au tennis   e. Vous **faites** de la natation   f. Elles **vont** au centre sportif

4. Break the flow

a. Tu joues aux cartes tous les jours.   b. Ils font de la natation tous les soirs.

c. Il va à la montagne une fois par mois.   d. Vous jouez aux échecs?

e. Elle fait du footing de temps en temps.   f. Je vais au gymnase tous les week-ends.

g. Nous allons à la piscine tous les soirs.   h. Il joue avec des amis tous les samedis.

5. Faulty translation: fix the English

a. I go to the countryside every ~~Saturday~~ **evening**

b. My ~~brother~~ **friend** does cycling from time to time   c. ~~He~~ **You** play(~~s~~) football every day

d. ~~I go~~ **We do** rock climbing during the weekend   e. They go to the ~~beach~~ **pool** every weekend

6. Choose the correct verb

a. Je **joue** au tennis de temps en temps.   b. Nous **faisons** du sport tous les soirs.

c. Vous **faites** de la randonnée?   d. Tu **vas** au parc tous les week-ends.

e. Elle **joue** aux cartes tous les samedis.   f. Ils **vont** au gymnase deux fois par semaine.

g. Je **fais** du footing pendant le week-end.   h. Tu **joues** au foot une fois par mois.

7. Translate into French

a. Je joue aux échecs de temps en temps.   b. Elle va au centre commercial tous les jours.

c. Il fait du vélo tous les soirs.   d. Tu vas à la piscine deux fois par semaine.

e. Nous faisons du sport tous les week-ends.   f. Elles jouent au basket tous les jours.

g. Ils vont au parc tous les samedis.   h. Vous allez au gymnase deux fois par semaine.

8. Complete with the correct form of au, à la, aux, du, de la, de l'

a. Je joue **au** tennis   b. Vous faites **du** sport   c. Elles vont **à la** piscine   d. Tu joues **aux** cartes

e. Nous faisons **de l'**escalade   f. Il va **au** centre commercial   g. Je joue **aux** échecs

h. Je fais **de la** randonnée

9. Match up

Je fais de l'équitation.	I do horse riding.
Il va à la montagne.	He goes to the mountain.
Tu joues aux échecs?	Do you play chess?
Vous faites de la natation.	You (guys) do swimming.
Elles vont au centre sportif.	They go to the sports centre.
Tu fais du vélo?	Do you do cycling?
Nous jouons avec des amis.	We play with some friends.

10. Slalom translation

Je vais (a)	Tu fais (b)	Il joue (c)	Nous allons (d)	Vous jouez (e)	Elles font (f)
aux (c)	au (d)	à la (a)	de l' (f)	du (b)	au (e)
ski (b)	gymnase (d)	basket (e)	cartes (c)	montagne (a)	escalade (f)
de temps (f)	tous les (b)	tous les (c)	deux fois (e)	pendant (d)	une fois (a)
par semaine (e)	le week-end (d)	en temps (f)	par mois (a)	soirs (c)	week-ends (b)

11. Translate into English

a. I play tennis from time to time   b. We do swimming every day

c. They go to the mountain once a month   d. I do horse riding every Saturday

e. They play chess every evening   f. You (guys) go fishing during the weekend

g. He does skiing twice a week   h. You go to the gym once a month

12. Spot and correct the errors

a. Je joue ~~du~~ **au** basket tous les jours   b. Ils font de **la** natation tous les week-ends

c. Il ~~fait~~ **joue** au tennis tous les soirs   d. Tu vas ~~à le~~ **au** gymnase une fois par jour

e. Nous faisons de ~~la~~ l'escalade une fois par mois   f. Vous allez ~~à le~~ **au** parc tous les samedis

g. Je fais **du** sport pendant le week-end   h. Elles ~~jouent~~ **font** du ski de temps en temps

13. Choose the correct answer

a. Je vais au **centre sportif**   b. Vous faites du **vélo**   c. Nous jouons au **basket**   d. Il fait de la **natation**

e. Tu vas à la **pêche**   f. Elles jouent au **foot**

14. Arrange the words in the correct order.

a. Je joue aux échecs de temps en temps.   b. Ils font de la randonnée deux fois par semaine.

c. Elle va à la plage pendant le week-end.   d. Ils jouent aux cartes tous les jours.

e. Elle fait de l'escalade tous les samedis.   f. Tu vas au gymnase tous les soirs.

g. Nous jouons au foot tous les week-ends.   h. Vous faites du ski une fois par mois.

15. Tangled translation

a. **Je vais** à la campagne **tous les week-ends**   b. Il fait **de l'escalade** une fois **par mois**

c. Tu joues **aux cartes de temps en temps**   d. Elle va **au centre commercial** tous les jours

e. **Vous faites de la natation** tous les samedis   f. **Ils jouent aux échecs** pendant le week-end

g. **Nous jouons au tennis** deux fois par semaine   h. **Tu vas au gymnase** de temps en temps

16. Translate into French

a. Je vais au centre commercial tous les week-ends   b. Il joue au tennis deux fois par semaine

c. Vous faites de l'équitation tous les samedis   d. Elles jouent au foot pendant le week-end

e. Tu vas à la campagne tous les jours   f. Elle joue aux échecs tous les soirs

g. Nous faisons du vélo de temps en temps   h. Ils vont à la piscine une fois par mois

FAST & FURIOUS – Round 1

1.   Bonjour. Que fais-tu pendant ton **temps libre**?

2.   Je joue **au** tennis, je **fais** de la natation et je **vais** au parc.

3.   Tu fais du **vélo**?

4.   Non, mais mon père fait du vélo **tous les jours**.

5.   Ma mère **va au gymnase** tous les soirs.

FAST & FURIOUS – Round 2

1.   Bonjour. Que fais-tu pendant ton **temps libre**?

2.   Je joue **aux** échecs, je **fais** du sport et je **vais** au centre commercial.

3.   Tu fais de la **natation**?

4.   Non, mais mon frère fait de la natation **une fois par semaine**.

5.   Ma sœur **va à la campagne** pendant le week-end.

ASSESSMENT ROUND

1. Choose the correct translation (you won't need two of the sentences)

a. Je vais au centre sportif tous les soirs.   3

b. Elle va à la plage tous les samedis.   6

c. Tu joues aux cartes une fois par semaine.   1

d. Il fait de la natation de temps en temps.   7

e. Je fais de l'équitation une fois par mois.   4

2. Fill in the gaps with the missing words

a. Je joue aux **cartes** de temps en temps.

b. Je **fais** de la natation deux fois par semaine.

c. Je vais à la **pêche** pendant le week-end.

d. Il **joue** aux échecs tous les jours.

e. Elle fait de l'**équitation** tous les samedis.

3. Translate the sentences into French

a. Je vais au gymnase tous les week-ends.   b. Il joue au foot deux fois par semaine.

c. Vous faites du vélo tous les samedis.   d. Nous jouons au tennis pendant le week-end.

e. Ils vont à la montagne tous les jours

UNIT 12: Talking about my daily routine

1. Match up

Je me lève	I get up
Il se couche	He goes to bed
Tu te douches	You shower
Elle se coiffe	She does her hair
Je m'habille	I get dressed
Tu te laves	You have a wash
Il se lève	He gets up

2. Complete with the missing letters

a. **Je me coiffe** b. **Il s'habille** c. **Tu te lèves** d. **Il se brosse** les dents e. **Je me couche**

f. **Tu te reposes**

3. Complete with the correct form of me, te or se

a. Je **me** couche b. Il **se** lève c. Tu **te** brosses les dents d. Elle **se** coiffe e. Je **me** maquille

f. Tu **t'**habilles g. Elle **se** réveille h. Il **se** rase

4. Break the flow

a. À huit heures je me repose. b. À sept heures je me brosse les dents.

c. À neuf heures cinq je me lève. d. À minuit tu te couches.

e. À six heures et demie il se brosse les dents. f. À dix heures dix elle se coiffe.

g. À sept heures et quart je m'habille. h. À dix heures tu te lèves.

5. Faulty translation: fix the English

a. At 9am I ~~wake~~ **get** up b. At ~~9~~**10**.05am I get dressed

c. At 10.30am I ~~brush my teeth~~ **do my hair** d. At 5pm I ~~read~~ **rest**

e. At 12am I ~~have a shower~~ **go to bed**

6. Choose the correct verb

a. Je **m'habille** à sept heures et quart. b. Mon frère **se coiffe** à neuf heures.

c. Tu **te reposes** à quatre heures? d. Je **me lève** à six heures et demie.

e. Elle **se brosse** les dents. f. Il **se couche** à onze heures. g. Je **me coiffe** à huit heures dix.

h. Tu **te lèves** à six heures vingt.

7. Translate into French

a. Je me lève à six heures. b. Je me brosse les dents à six heures et quart.

c. Je m'habille à six heures et demie. d. Je me coiffe à six heures quarante-cinq.

e. Je me repose à cinq heures / dix-sept heures.

f. Je me couche à onze heures / vingt-trois heures. g. Mon père se lève à huit heures et quart.

h. Il se repose à huit heures / vingt heures.

8. Complete with the correct form of aller, faire, prendre or sortir

a. Je **fais** mes devoirs b. Je **sors** de chez moi c. Je **vais** au collège en bus

d. Je **prends** le petit-déjeuner e. Il **va** au collège en bus f. Tu **fais** tes devoirs

g. Elle **sort** de chez elle h. Il **prend** le petit-déjeuner

9. Match up

Je prends le petit-déjeuner	I have breakfast
Il sort de chez lui	He leaves his house
Je sors de chez moi	I leave my house
Tu fais tes devoirs	You do your homework
Je fais mes devoirs	I do my homework
Elle prend le petit-déjeuner	She has breakfast
Je vais au collège en bus	I go to school by bus

10. Slalom translation

À six heures (a)	Ensuite je (b)	À huit heures (c)	Il rentre (d)	Tu te brosses (e)	Tu fais (f)
il dîne (c)	et quart (a)	à la (d)	regarde (b)	tes devoirs (f)	les dents (e)
et (e)	et il (c)	je me (a)	et tu joues (f)	maison (d)	la télé (b)
après (e)	et je sors (b)	et il (d)	lève et (a)	se (c)	sur (f)
de chez moi (b)	l'ordinateur (f)	repose (c)	tu t'habilles (e)	je me coiffe (a)	se couche (d)

11. Translate into English

a. At 8.00 I wake up b. Then I get up c. At 8.15 I shower

d. After I get dressed and I put my makeup on e. My brother gets up at 6.30

f. Then he has a wash and he shaves g. At 10 at night he goes to bed

h. And you, at what time do you get up?

12. Spot and correct the errors

a. Je ~~te~~ **me** lève à huit heures cinq b. Ensuite je **me** douche

c. Après je ~~(me)~~ **m'**habille dans ma chambre d. Je sor**s** de chez moi e. Je vais au collège en bus

f. Ma sœur prend~~(s)~~ le petit-déjeuner g. Elle va~~(e)~~ au gymnase

h. Tu ~~me~~ **te** reposes de temps en temps

13. Choose the correct answer

a. Je **me repose** b. Tu **fais tes devoirs** c. Il **se couche** d. Elle **déjeune** e. Je **sors de chez moi**

f. Tu **te coiffes**

14. Arrange the words in the correct order.

a. À six heures du matin je me réveille. b. À six heures et quart je me lève.

c. À six heures et demie je me douche. d. À sept heures, je prends le petit-déjeuner.

e. À sept heures vingt, je me brosse les dents.

f. À huit heures moins le quart, je sors de chez moi. g. Je vais au collège en bus tous les jours.

h. À sept heures du soir, je me repose.

15. Guided translation: complete the translation

a. Je m'**habille** et après je me **coiffe** b. Il **regarde** la télé à **midi** c. À quelle heure tu **te lèves**?

d. Elle **rentre** à la maison et se **repose** e. Je **me couche** à minuit f. Je m'**habille** et je **sors** de chez moi

16. Tangled translation

a. À sept heures et demie **je me brosse** les dents b. Ensuite **je sors** de chez moi

c. Après **je vais** au collège **en bus** d. À midi **elle déjeune** à la cantine e. Elle **rentre** à la maison f. Je

regarde la télé et je **me repose** g. À neuf heures je **fais mes devoirs**

h. Je **me couche** à onze heures et quart

17. Translate into French

a. Je me lève à six heures b. Je me lave et je m'habille c. Ensuite je prends le petit-déjeuner

d. Après je me brosse les dents e. Je sors de chez moi à sept heures et demie

f. Je vais au collège en bus g. Ma sœur va au collège en voiture

h. Je rentre à la maison à cinq heures

FAST & FURIOUS – Round 1

1. Bonjour. À quelle heure tu **te lèves**?
2. Je **me lève** à sept heures et je **me couche** à onze heures.
3. Comment **vas-tu** au collège?
4. Je **vais** au collège en **bus**.
5. Ma sœur s'**habille** et ensuite elle se **coiffe**.

FAST & FURIOUS – Round 2

1. Bonjour. À quelle heure tu **te couches**?
2. Je **me couche** à dix heures et je **me lève** à cinq heures.
3. Comment **vas-tu** au collège?
4. Je **vais** au collège en **voiture**.
5. Mon frère se **repose** et ensuite il **regarde** la télé.

ASSESSMENT ROUND

1. Choose the correct translation (you won't need two of the sentences)

a. À sept heures et demie je me douche et après je m'habille.   2
b. À huit heures, je prends le petit-déjeuner.   6
c. À huit heures vingt, il se brosse les dents.   7
d. À huit heures moins le quart, elle va au collège.   1
e. Il joue sur l'ordinateur et il regarde la télé.   3

2. Fill in the gaps with the missing words
a. Je me **réveille** toujours vers six heures et demie.
b. Ensuite, je me douche et je m'**habille** après.
c. Je **vais** au collège en vélo vers sept heures et quart.
d. Je **rentre** à la maison vers quatre heures et quart.
e. Ensuite je me **repose** un peu.

3. Translate the sentences into French
a. Je me lève à six heures et demie.
b. Je prends le petit-déjeuner à huit heures.
c. Je rentre à la maison et je regarde la télé.
d. Je me couche à minuit.
e. Je dîne à neuf heures moins le quart.

UNIT 13 – Talking about weekend plans

1. Match up

Je vais aller	I am going to go
Tu vas faire	You are going to do
Il va danser	He is going to dance
Elle va nager	She is going to swim
Nous allons jouer	We are going to play
Vous allez regarder	You (guys) are going to watch
Ils vont acheter	They are going to buy

2. Complete with the missing letters

a. Je **vais** aller au parc b. Il **va faire** les magasins c. Ils **vont** aller en boîte

d. Elles **vont** se promener e. Tu **vas b**ronzer à la plage.

3. Complete with the correct form of vais, vas or va

a. Je **vais** acheter des choses b. Il **va** acheter des vêtements c. Tu **vas** te promener

d. Elle **va** bronzer e. Nous **allons** faire de la musculation f. Vous **allez** faire du vélo

g. Elles **vont** regarder un film h. Ils **vont** aller en boîte

4. Break the flow

a. Vendredi, je vais aller à la piscine. b. Le week-end prochain ils vont aller au parc.

c. Samedi, elle va faire les magasins. d. Le week-end prochain tu vas aller au stade.

e. Vendredi, vous allez aller en boîte. f. Le week-end prochain il va aller au cinéma.

g. Samedi, nous allons aller au centre sportif. h. Vendredi, je vais aller au centre commercial.

5. Faulty translation: fix the English

a. ~~On Saturday~~ I am going to go shopping b. On Saturday ~~he~~ **she** is going to go to the park

c. ~~We are~~ **You (guys) are** going to go to the beach d. You are going to go ~~in a box~~ **clubbing**

e. They are going to go for a ~~run~~ **walk**

6. Choose the correct verb

a. Je **vais** aller au centre commercial. b. Mon frère **va** aller au centre sportif.

c. Tu **vas** aller au cinéma. d. Nous **allons** aller à la pêche. e. Elles **vont** aller à la piscine.

f. Elle **va** aller en boîte. g. Vous **allez** vous promener. h. Ils **vont** aller au stade.

7. Translate into French

a. Je vais aller au gymnase. b. Elle va aller au parc. c. Vous allez aller au centre commercial.

d. Ils vont aller à la piscine. e. Nous allons aller en boîte. f. Il va aller se promener.

g. Tu vas aller à la pêche. h. Elles vont aller au cinéma.

8. Slalom translation

Vendredi, (a)	Samedi, (b)	Dimanche, (c)	Dimanche, (d)	Vendredi, (e)	Samedi, (f)
vous (b)	je (a)	elles (f)	tu (e)	il (c)	nous (d)
va aller (c)	vais aller (a)	vont aller (f)	allez aller (b)	vas faire (e)	allons aller (d)
à la (c)	les (e)	en (b)	au (a)	au (d)	au (f)
boîte (b)	parc (d)	stade (f)	pêche (c)	magasins (e)	gymnase (a)

9. Translate into English

a. On Friday I am going to play football   b. Next weekend he is going to dance

c. On Saturday they (f) are going to see a match   d. On Sunday you are going to go fishing

e. We are going to go to the stadium   f. His girlfriend is going to sunbathe on the beach

g. My brothers are going to swim at the pool   h. On Saturday you (guys) are going to buy clothes

10. Spot and correct the errors

a. Je vais aller ~~à le~~ **au** gymnase.   b. Ensuite je vais aller ~~en~~ **à la** pêche.

c. Après mon frère va danser ~~à la~~ **en** boîte.   d. Mon ami va aller ~~à le~~ **au** centre commercial.

e. Nous allons ~~allé~~ **aller** au parc.   f. Vous allez aller ~~au~~ **à la** piscine pour nager.   g. Elles **vont** aller au gymnase. h. Tu vas bronzer ~~à le~~ **au** parc.

11. Choose the correct answer

a. Je vais aller **au stade**   b. Tu vas aller **à la piscine**   c. Ils vont aller **à la pêche**

d. Elle va aller **à la plage**   e. Je vais aller **faire les magasins**   f. Vous allez aller **en ville**

12. Arrange the words in the correct order.

a. Samedi, je vais aller à la plage avec ma sœur.

b. Dimanche, tu vas aller au stade avec ton meilleur ami.

c. Le week-end prochain mon frère va aller en boîte pour danser.

d. Samedi, mes amies vont aller au parc pour bronzer.

e. Vendredi, vous allez aller au gymnase pour faire de la musculation.

f. Le week-end prochain nous allons acheter des vêtements.

13. Guided translation: complete the translation

a. Mon frère **va regarder** un film   b. Mes sœurs **vont** aller **au** parc

c. Vendredi, je **vais** aller **au** gymnase   d. Tu **vas** aller **à la** plage   e. Nous **allons regarder** un match

f. Vous **allez** aller **à la** pêche

14. Tangled translation

a. Vendredi, **je vais** voir un match.   b. Samedi, **vous allez** nager.

c. Nous allons aller **au centre commercial.**   d. Elle **va aller à la** piscine.

e. Ils vont aller **se promener.**   f. Ma sœur **va** faire du vélo.   g. **Tu vas** bronzer **à la plage.**

h. Ils vont **faire de la musculation au** gymnase.

15. Translate into French

a. Ma sœur va aller faire les magasins   b. Je vais aller au gymnase   c. Tu vas bronzer au parc
d. Nous allons acheter des choses   e. Vous allez acheter des vêtements   f. Il va faire de la musculation
g. Elles vont nager   h. Je vais faire du vélo

FAST & FURIOUS – Round 1

1.   Bonjour. Qu'est-ce que tu **vas faire** le week-end prochain?
2.   Je **vais aller** au centre commercial pour **acheter des choses**.
3.   Où **va aller** ton frère?
4.   Il **va** aller **au** gymnase pour faire de la **musculation**.
5.   Ma meilleure amie **va** aller **à la** plage pour **bronzer**.

FAST & FURIOUS – Round 2

1.   Bonjour. Qu'est-ce que tu **vas faire** le week-end prochain?
2.   Je **vais aller** au stade pour **voir un match**.
3.   Où **va aller** ta sœur?
4.   Elle **va** aller **au** parc pour faire du **vélo**.
5.   Mon meilleur ami **va** aller **à la** piscine pour **nager**.

ASSESSMENT ROUND

1. Choose the correct translation (you won't need two of the sentences)

a. Le week-end prochain je vais aller au cinéma avec mon petit ami.   7
b. Samedi, je vais aller faire les magasins avec ma sœur.   6
c. Vendredi, je vais aller au stade avec mes amis pour voir un match.   2
d. Le week-end prochain je vais aller me promener avec mon ami.   4
e. Qu'est-ce que tu vas faire le week-end prochain?   5

2. Fill in the gaps with the missing words

a. Vendredi, je vais voir un film **au** cinéma.
b. Samedi, tu **vas** nager à la piscine.
c. Je **vais** aller au centre commercial pour acheter des vêtements.
d. Elle va aller **à la** piscine avec sa sœur pour nager.
e. Je vais **aller** me promener au parc avec mon frère.

3. Translate the sentences into French

a. Je vais aller au centre commercial avec mes amis   b. Vous allez aller vous promener au parc
c. Elle va aller à la pêche avec ses amies à la plage   d. Qu'est-ce que tu vas faire vendredi?
e. Nous allons aller nager à la piscine

UNIT 14: Talking about food: likes, dislikes, reasons

1. Match up

c'est délicieux	it is delicious
c'est épicé	it is spicy
ils sont sains	they are healthy
elles sont sucrées	they are sweet
ils sont juteux	they are juicy
elles sont dures	they are hard
c'est malsain	it is unhealthy

2. Complete with the missing letters

a. Ils sont d**é**lic**ie**ux b. C'est savo**u**reux c. Elles **sont** rafraîchissantes d. C'est dé**go**ûtant

3. Complete with the missing words

a. J'adore le miel parce que **c'est** sucré b. Ils aiment les fruits parce qu'**ils sont** sains

c. Tu préfères le poisson parce que c'est **délicieux** d. Elle aime les oranges. Elles sont **juteuses**

e. Nous n'aimons pas le riz parce que **c'est** dur f. Tu aimes les œufs parce qu'**ils sont** savoureux

g. Vous aimez les légumes. Ils sont **rafraîchissants** h. Il préfère **la salade verte** parce que c'est **sain**

4. Break the flow

a. Vous aimez le miel parce que c'est sucré. b. Je n'aime pas la viande parce que c'est gras.

c. Il aime les bananes parce qu'elles sont saines. d. Je déteste les œufs parce qu'ils sont malsains.

e. Nous aimons la salade verte parce que c'est sain. f. J'aime les fraises parce qu'elles sont sucrées.

g. Je préfère le riz parce que c'est savoureux. h. Ils adorent l'eau parce que c'est rafraîchissant.

5. Faulty translation: fix the English

a. I like chocolate because it is ~~delicious~~ **sweet** b. They ~~don't like~~ **hate** strawberries. They are hard

c. ~~You (guys)~~ **We** like cheese. It is ~~tasty~~ **delicious** d. I don't like rice because it is ~~unhealthy~~ **hard**

e. I like oranges. They are ~~refreshing~~ **juicy**

6. Choose the correct verb

a. Vous aimez la viande. **C'est** savoureux. b. Je déteste les hamburgers. **Ils sont** gras.

c. Nous n'aimons pas le miel. **C'est** sucré. d. Je préfère les légumes. **Ils sont** sains.

e. Ils aiment les tomates. **Elles sont** juteuses. f. Je préfère le lait. **C'est** délicieux.

g. Elle déteste le poisson. **C'est** dégoûtant. h. Je préfère le poulet rôti. **C'est** épicé.

7. Translate into French

a. C'est rafraîchissant. b. Ils sont juteux. c. C'est sain. d. Elles sont sucrées. e. C'est délicieux.

f. Ils sont durs. g. C'est malsain. h. Elles sont dégoûtantes.

8. Complete with the missing verbs

a. Je **préfère** le chocolat parce que c'est sucré   b. Il **aime** les pommes parce qu'elles sont dures

c. Je **préfère** le pain parce que c'est délicieux   d. Nous **aimons** les oranges. Elles sont saines

e. Je **n'aime pas** le lait parce que c'est dégoûtant

f. Tu **aimes** les crevettes. Elles sont savoureuses   g. Elles **adorent** les légumes. Ils sont sains

h. Je **préfère** les fruits. Ils sont rafraîchissants

9. Match up

Je préfère les bananes	I prefer bananas
Il préfère les tomates	He prefers tomatoes
Tu préfères le fromage	You prefer cheese
Elles préfèrent le poisson	They (f) prefer fish
Vous préférez la salade verte	You (guys) prefer green salad
Nous préférons le chocolat	We prefer chocolate
Ils préfèrent le riz	They prefer rice

10. Slalom translation

Vous préférez (a)	J'adore (b)	Je déteste (c)	Ils préfèrent (d)	Nous aimons (e)	Je n'aime pas (f)
les pommes (d)	les tomates (e)	le lait (f)	la viande (a)	les œufs (c)	les fruits (b)
parce qu'ils (b)	parce que (a)	parce qu'ils (c)	parce qu'elles (d)	parce qu'elles (e)	parce que (f)
sont (b)	sont (c)	sont (d)	sont (e)	c'est (a)	c'est (f)
dégoûtants (c)	malsain (f)	sain (a)	juteuses (e)	délicieux (b)	savoureuses (d)

11. Translate into English

a. I like water a bit …   b. …because it is healthy.   c. We prefer roast chicken…

d. …because it is delicious.   e. They (f) don't like burgers…   f. …because they are spicy.

g. You (guys) prefer apples…   h. …because they are sweet.

12. Spot and correct the errors

a. J'aime ~~la~~ **le** riz parce que c'est savoureux.   b. J'adore les tomates. ~~Ils~~ **Elles** sont juteuses.

c. Je déteste les chocolats. Ils sont gras~~(ses)~~.   d. Je préfère le pain parce que c'est sain.

e. Je n'aime pas le chocolat~~(e)~~.   f. J'aime un peu ~~la~~ **les** crevettes.

g. Je préfère la viande. ~~Elles sont~~ **C'est** épicé.   h. Tu aime**s** les bananes?

13. Choose the correct answer

a. J'aime un peu **le fromage**   b. Ils sont **sains**   c. Nous n'aimons pas **le poisson**   d. Vous préférez **les fraises**   e. C'est **savoureux**   f. Elles sont **grasses**

14. Arrange the words in the correct order.

a. J'aime beaucoup le poisson parce que c'est sain.

b. Ils n'aiment pas les hamburgers parce qu'ils sont gras.

c. Vous aimez le poulet rôti?   d. Nous préférons les crevettes parce qu'elles sont délicieuses.

e. Elle déteste les oranges parce qu'elles sont juteuses.

f. J'aime un peu le chocolat parce que c'est sucré.

15. Tangled translation

a. Je n'aime pas **le lait**. C'est **dégoûtant**.   b. J'adore **les œufs** parce qu'**ils sont** sains.

c. **Il aime** le poulet rôti. **C'est** savoureux.   d. Tu aimes les **fraises** ou les **pommes**?

e. **Tu détestes** les tomates. **Elles sont** juteuses.   f. J'adore **les chocolats**. Ils sont **délicieux.**

g. **Nous aimons** les bananes. **Elles sont savoureuses.**   h. Elles adorent le **miel. C'est sucré.**

16. Translate into French

a. J'adore les œufs parce qu'ils sont délicieux.   b. Nous aimons le chocolat parce que c'est sucré.

c. Il aime la salade verte. C'est rafraîchissant.   d. Vous n'aimez pas le pain.

e. Elle aime les légumes. Ils sont sains.   f. Ils préfèrent le miel parce que c'est savoureux.

g. Tu n'aimes pas la viande parce que c'est gras.

h. J'adore les crevettes parce qu'elles sont épicées.

FAST & FURIOUS – Round 1

1.   Bonjour. Qu'est-ce que tu **aimes manger** et **boire**?
2.   **J'aime beaucoup** le poisson et les **légumes** parce qu'ils sont **délicieux.**
3.   Je n'aime pas les **crevettes** parce qu'**elles sont** épicées.
4.   Mon frère **aime les œufs** parce qu'ils sont **savoureux.**
5.   Ma meilleure amie **préfère** le **chocolat** parce que **c'est sucré.**

FAST & FURIOUS – Round 2

1.   Bonjour. Qu'est-ce que tu **aimes manger** et **boire**?
2.   J'aime beaucoup le pain et les **fruits** parce qu'ils sont **savoureux.**
3.   Je n'aime pas les **fraises** parce qu'**elles sont** juteuses.
4.   Mon frère **aime les chocolats** parce qu'ils sont **sucrés.**
5.   Ma meilleure amie **préfère** le **lait** parce que **c'est rafraîchissant.**

1. Choose the correct translation (you won't need two of the sentences)

a. Tu préfères le fromage ou le chocolat?	5
b. J'adore le poisson parce que c'est sain et délicieux.	2
c. Je n'aime pas les hamburgers parce qu'ils sont gras.	6
d. Il aime les pommes parce qu'elles sont dures.	3
e. Il adore les fraises parce qu'elles sont juteuses.	4

2. Fill in the gaps with the missing words

a. Il préfère les **bananes** parce qu'elles sont délicieuses.

b. Elle déteste les oranges parce qu'elles sont **sucrées**.

c. J'aime un peu le chocolat parce que **c'est** sucré.

d. J'adore les légumes parce qu'**ils sont** savoureux.

e. Je **déteste** les pommes parce qu'elles sont dégoûtantes.

3. Translate the sentences into French

a. Nous détestons les tomates parce qu'elles sont dégoûtantes.

b. Vous aimez beaucoup le poulet parce que c'est sain.

c. Il déteste le poisson parce que c'est gras.

d. Vous préférez le poisson ou la viande?

e. Elles n'aiment pas le jus de fruits parce que c'est sucré.

UNIT 15: My holiday plans

(Talking about future plans for holidays)

1. Match up

Je vais aller	I am going to go
Tu vas passer	You are going to spend
Ils vont rester	They are going to stay
Elles vont faire	They (f) are going to do
Vous allez jouer	You (guys) are going to play
Il va manger	He is going to eat
Nous allons sortir	We are going to go out

2. Complete with the missing letters

a. **Je vais aller** au parc b. **Ils vont** danser c. **Tu vas faire** du sport d. **Elle va** bronzer

3. Complete with the missing verbs in the immediate future

a. Cet été je **vais** aller en Bretagne b. Nous **allons** passer deux semaines là-bas

c. Tu **vas** rester dans un camping d. Elle **va** faire des courses e. Vous **allez** manger et dormir

f. Ils **vont** faire du vélo g. Elles **vont** bronzer h. Nous **allons** sortir en ville

4. Break the flow

a. Je vais aller en Bourgogne en voiture. b. Il va acheter des souvenirs.

c. Elles vont faire du tourisme. d. Tu vas jouer avec des amis. e. Vous allez manger et dormir.

f. Nous allons faire de la plongée. g. Ils vont aller en boîte. h. Nous allons faire du sport.

5. Faulty translation: fix the English

a. I ~~would like~~ **am going** to go to England. b. ~~You~~ **We** are going to stay in a hotel.

c. She is going to go ~~sightseeing~~ **biking**. d. ~~He is~~ **They are** going to go to the beach.

e. You (guys) are going to ~~talk to~~ **play with** some friends.

6. Choose the correct verb

a. Je **vais** aller en France. b. Tu **vas** rester dans un camping. c. Ils **vont** aller à la plage.

d. Nous **allons** faire du tourisme. e. Elles **vont** se reposer. f. Vous **allez** jouer de la guitare.

g. Elle **va** sortir en ville. h. Nous **allons** bronzer.

7. Translate into French

a. Je vais danser. b. Nous allons nous reposer. c. Tu vas faire de la plongée.

d. Elle va manger et dormir. e. Nous allons rester dans un hôtel. f. Elles vont faire du vélo.

g. Vous allez faire des courses. h. Ils vont faire du sport.

8. Match up

Je voudrais manger.	I would like to eat.
Il aimerait jouer.	He would like to play.
Elle aimerait faire.	She would like to do.
Elle voudrait aller.	She would like to go.
J'aimerais acheter.	I would like to buy.
Il voudrait passer.	He would like to spend.

9. Complete with the missing letters
a. **Je** vo**udrais** aller en boîte.   b. **Il** vo**udrait jou**er avec des amis.   c. **J'aimerais** manger.
d. **Elle** vo**udr**ait bronzer.

10. Complete with the missing verbs in the conditional
a. Cet été je **voudrais** aller en Bretagne
b. Elle **voudrait / aimerait** passer deux semaines là-bas
c. Il **voudrait / aimerait** rester dans un camping   d. Je **voudrais** faire des courses
e. Je **voudrais** manger et dormir   f. Il **voudrait / aimerait** faire du vélo
g. Elle **voudrait / aimerait** bronzer   h. J'**aimerais** sortir en ville

11. Slalom translation

Cet été (a)	Vous allez (b)	Nous allons (c)	Je voudrais (d)	Ma mère (e)	Mon père (f)
voudrait (e)	faire du (d)	je vais aller (a)	rester dans (c)	va (f)	voyager en (b)
avion et (b)	faire des (f)	un camping (c)	faire du sport (e)	en vacances (a)	tourisme (d)
courses et (f)	en France (a)	et faire du (d)	aussi en (b)	et faire de (e)	et aussi dans (c)
un hôtel (c)	vélo (d)	la plongée (e)	avec ma famille (a)	danser (f)	voiture (b)

12. Translate into English
a. I am going to stay in a cheap campsite.   b. We are going to spend one week over there.
c. He is going to stay in a cheap hotel.   d. I would like to play with some friends.
e. I would like to stay in a luxury hotel.   f. He would like to stay with my family.
g. You (guys) are going to go clubbing.   h. I would like to rest.

13. Spot and correct the errors
a. Je va**is** aller en Allemagne.   b. Tu vas passe**sr** une semaine là-bas.
c. J'**e** aimerais rester dans un hôtel de luxe.   d. Nous all**i**ons faire de la plongée.
e. Il va**s** jouer de la guitare.   f. Elle **va** faire du tourisme.   g. Il voudrai**st** rester dans un hôtel.
h. Je voudrais ~~j'achète~~ **acheter** des souvenirs.

14. Choose the correct answer

a. Je vais aller **à la piscine**   b. Il voudrait **sortir en ville**   c. Ils vont faire **des courses**

d. Elle aimerait **faire du vélo**   e. Nous allons **bronzer**   f. Elle va faire **du tourisme**

15. Arrange the words in the correct order.

a. Je vais aller en vacances en Angleterre en bateau.

b. Nous allons passer une semaine avec ma famille.

c. Elles vont faire du tourisme et elles vont manger de la nourriture délicieuse.

d. Mon père va faire du vélo et ma mère va acheter des souvenirs.

e. Mon frère voudrait/aimerait se reposer et ma sœur aimerait sortir en ville.

16. Choose the correct translation

a.	**I am going to stay**	je vais aller	**je vais rester**	je vais faire
b.	**You (guys) are going to eat**	**vous allez manger**	vous allez boire	vous allez aller
c.	**She is going to go**	elle va partir	elle va sortir	**elle va aller**
d.	**I would like to go**	**je voudrais aller**	je voudrais sortir	je voudrais faire
e.	**We are going to do**	nous allons aller	**nous allons faire**	nous allons sortir
f.	**He'd like to do**	il voudrait rester	**il voudrait faire**	il voudrait aller
g.	**I'd like to sleep**	j'aimerais manger	**j'aimerais dormir**	j'aimerais boire
h.	**He'd like to dance**	**il aimerait danser**	il aimerait jouer	il aimerait aller

17. Guided translation: complete the translation

a. Je **vais aller** en boîte et je **vais danser**   b. Où **allez**-vous **aller** en vacances?

c. Nous **allons rester** dans un hôtel de luxe   d. Il **va manger** de la nourriture

e. J'**aimerais** faire les **courses**   f. Elle **voudrait/aimerait rester** dans un camping

18. Tangled translation

a. Je vais **passer** une semaine en **Angleterre**.   b. **Tu vas** rester **dans la** maison de ma **famille**.

c. **Je voudrais/J'aimerais** faire du sport.   d. Où **vas-tu aller** cet été?

e. Comment allez-**vous** voyager?   f. **Nous allons sortir** en ville.

g. **Elle voudrait/aimerait** aller en boîte.   h. Il **voudrait/aimerait** manger du poulet.

19. Translate into French

a. Cet été, je vais aller en Espagne.   b. Vous allez voyager en avion.

c. Je voudrais/J'aimerais rester dans un hôtel de luxe.   d. Il voudrait / aimerait faire du sport.

e. Nous allons nous reposer.   f. Où vas-tu rester?   g. Ma mère voudrait / aimerait bronzer.

h. Ils vont jouer de la guitare.

FAST & FURIOUS – Round 1

1.   Bonjour. Où **vas**-tu **aller** cet été?
2.   Je **vais aller** en Allemagne en **avion**.
3.   Je **vais passer** une semaine avec **ma famille**.
4.   Nous **allons rester** dans la **maison** de ma famille.
5.   Je **voudrais faire** du tourisme et **faire** des **courses**.

FAST & FURIOUS – Round 2

1.   Bonjour. Où **vas**-tu **aller** cet été?
2.   Je **vais aller** en Espagne en **voiture**.
3.   Je **vais passer** deux semaines **là-bas**.
4.   Nous **allons rester** dans un hôtel **de luxe**.
5.   J'aimerais faire** du vélo et **jouer** avec des **amis**.

ASSESSMENT ROUND

1. Choose the correct translation (you won't need two of the sentences)

a. Qu'est-ce que tu vas faire pendant les vacances?	5
b. Nous allons manger et dormir et faire du tourisme.	2
c. Je vais rester dans un hôtel bon marché.	6
d. Mon père voudrait passer une semaine en Bourgogne.	4
e. Je voudrais rester dans la maison de ma famille.	1

2. Fill in the gaps with the missing words

a. Où vas-tu **aller** cet été?
b. Je **vais** aller en vacances en Espagne en avion.
c. Combien de temps **vas**-tu passer là-bas?
d. Je vais **passer** une semaine avec ma famille.
e. Je voudrais **acheter** des souvenirs et bronzer sur la plage.

3. Translate the sentences into French
a. Cet été je vais aller en vacances en Espagne avec ma famille.
b. Vous allez voyager en bateau et aussi en voiture.
c. Nous allons rester dans un hôtel bon marché.
d. Ils vont faire du tourisme et elles vont faire de la plongée.
e. Ma mère voudrait/aimerait faire du vélo et faire des courses.

www.ingramcontent.com/pod-product-compliance
Lightning Source LLC
LaVergne TN
LVHW080516200726
843507LV00008B/1108